다시 태어난다면, 한국에서 살겠습니까

서가
명강
04

다시 태어난다면,
한국에서 살겠습니까

**한강의 기적에서 헬조선까지
잃어버린 사회의 품격을 찾아서**

이재열 지음

서울대학교
사회학과 교수

21세기북스

자연과학

自然科學, Natural Science

과학, 수학, 화학, 물리학,
생물학, 천문학, 공학, 의학

인문학

人文學, Humanities

철학, 역사학, 종교학,
문학, 고고학, 미학, 언어학

예술

藝術, Arts

음악, 미술, 무용

사회학

社會學, Sociology

사회과학

社會科學, Social Science

경영학, 심리학, 법학, 정치학,
외교학, 경제학, 사회학

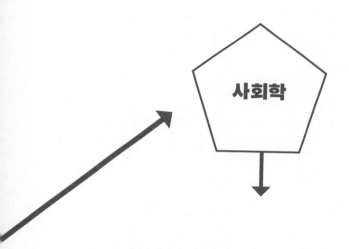

사회학이란?
社會學, **Sociology**

일상생활부터 세계체제에 이르기까지 인간의 사회적 관계를 과학적인
방법으로 분석하고, 성찰하는 학문이다. 사회학은 사회변화에 따르는
새로운 쟁점들을 진단하고, 미래 변화상을 예측하는 일을 한다.
따라서 급변하는 현대사회에서 사회학의 중요성은 날로 높아지고 있다.
특히 사회학적 비판정신은 사회발전과 민주주의의 성숙을 위한
필수자원이라 할 수 있다.

이 책을 읽기 전에 주요 키워드

마음의 습관(habits of the heart)

사회에서 집단으로 발현되는 마음이며, 개인의 정신으로 환원되지 않는 독특한 속성을 갖는다. 여러 세대에 걸쳐 형성되는 지배적 가치관으로 구성원들에게 자연스럽게 내면화된다.

베이비붐 세대(baby boom generation)

전쟁이나 불경기 직후 사회적·경제적으로 안정되면서 출산율이 증가할 때 태어난 세대다. '베이비부머(baby boomer)'라고도 부른다. 우리나라에서는 6·25전쟁 후인 1955~1963년 사이에 태어난 사람들이 이 세대에 해당한다.

에코 세대(echo generation)

베이비붐 이후 출산율이 급격히 감소하다가 베이비붐 세대의 자녀 세대에 이르면 다시 출산율이 증가한다. 이때 태어난 사람들을 메아리(echo)가 되돌아오는 현상에 비유해 '에코 세대'라고 부른다. 우리나라에서는 1979~1992년 사이에 태어난 사람들이 해당한다.

인적자본(human capital)

사회구성원들의 기술, 능력, 교육 경력, 지적인 잠재력 등을 뜻한다. 사회구성원 개인이 지닌 유·무형의 능력이 경제적 가치를 창출하기 때문에 이를 '자본'으로 인식하면서 '인적자본'이라는 개념이 등장했다.

사회자본(social capital)

사회적 관계를 통해 다른 사람들이 가지고 있는 자원을 동원할 수 있는 능력이다. 인적자본과 마찬가지로 생산 활동을 증가시키는 역할을 한다.

물질재(物質財, material good)

기본적인 의식주 욕구를 충족하는 데 필요한 재화다. 경제학자 허시(Fred Hirsch)는 경제성장이 일정단계에 이르면 물질재의 공급이 가져다주는 밀물효과는 그 효과를 상실하게 되고, 지위재의 중요성이 증대된다고 보았다.

지위재(地位財, positional good)

재화나 서비스 자체의 기능과 품질보다 그것이 가지는 이미지, 상황 등에 따라 결정되는 재화다. 교통, 교육, 직업과 같이 다른 사람들의 요구에 맞춰 지위재의 상대적인 가치가 결정된다.

중산층(中産層, middle class)

일정 수준의 소득에 달하여 여가 및 소비생활을 영위하는 사회집단이다. 대체로 중간계급(경영관리직, 전문직, 기술직)과 소득이 높은 자영업자가 이에 해당한다.

거버넌스(governance)

국가경영 또는 공공경영을 의미한다. 국가가 여러 업무를 관리하기 위해 정치적·경제적·행정적 권한을 행사하는 국정관리 체계다.

GDP(Gross Domestic Product, 국내총생산)

국가의 경제수준을 나타내는 지표 중 하나로 일정 기간 동안 한 나라에서 생산된 최종생산물의 시장가치를 계산한 것이다. 그러나 시장에서 가격이 매겨진 재화와 서비스만을 대상으로 하기 때문에 임금을 받지 않는 가사노동이나 부모의 아동보육, 화폐가치로 측정되지 않는 환경파괴나 대기오염 등은 포함하지 않는다는 단점이 있다.

차례

1부 우리는
왜 '불신, 불만, 불안' 3불 사회가 되었는가

2부 당신은 중산층인가, 서민인가

"좋은 사회는 사람들 사이의 관계가
보여주는 '사회성'이 좋은 곳입니다."

역설의 시대, '품격'에서 그 해답을 찾다

역설의 시대다. 산업화에 성공한, 1인당 국민소득 3만 달러가 넘는 선진국이 되었지만, 정작 국민 대다수는 이 모든 업적을 '남의 이야기'라고 느낀다. 행복감은 떨어지고, 자살률은 세계 최고다. 국민이 대통령을 직접 뽑는 민주화를 이룬 지 30년이 넘었는데, 정작 투표장에 가는 유권자는 줄었다. 촛불혁명을 이루었다는데, 시민의 정치효능감은 바닥이다. 풍요의 역설이자 민주화의 역설이다.

어디에 문제가 있을까? 경제를 더 성장시키면 해결될까? 아니면 민주화가 부족해서인가? 그러나 문제는 고용 없는 성장, 참여 없는 민주주의라는 데 있다. 이런 역설 사회의 해답을 '사회의 품격social quality'에서 찾아보았다. 그것이 경제의 토대이자 민주주의의 토대이기 때문이다. 사람은 겪어봐야 됨됨이를 알 수 있다. 그 됨됨이를 '인품'이라 칭하듯, 사회에도 '품격'이 있다. GDP^{국내총생산}처럼 화폐가치로 환산해 측정하기 어렵고, 직선제처럼 가시적 제도로 확인할 수는 없지만, 품격 있는 사회여야 경제성장도, 민주주의도 제대로 된다. 진짜 중요한 것은 쉽게 눈에 띄지 않는 법이다. 그러나 겪어본 이들은 안다. 더 나은 소득과 더 많은 선거로 해결되지 않는 많은 문제가 우리 사회에 있다는 것을.

특별히 사회의 품격에 주목하게 된 것은 오랜 기간 사회학을 연구하고 강의한 경험 덕분이었다. 대학 신입생, 혹은 사회학을 전공하지 않는 학생들을 위한 과목인 '현대사회와 사회학'을 진행하면서, 급격한 변화를 겪는 한국사회의 구성원으로서 개인이 삶 속에서 자신의 경험을 통해 사회현상을 이해하는 통찰력을 발휘하는 계기를 만들어보자고 했다. 그래서 학생들에게는 '자신의 눈'으로 관찰하고, '자신의 머리'로 생각한 것을, '자신의 언어'로 이야기해보자고 했다. 이런 수업을 하다 보니, '교과서적' 강의로는 성이 차지 않았다. 기든스^{Anthony Giddens}가 저술한 훌륭한 교과서가 있지만, 친절한 이론과 개념 설명에도 불구하고, 정작 내 실존이나 우리 사회의 문제를 인식하는 데는 충분치 못했다. 영국사회의 주된 문제가 우리와 다르기 때문이다.

그래서 필요한 것이 상상력이었다. 개인의 생애와 사회의 구조, 그리고 그 사회의 역사라는 세 꼭짓점을 자유롭게 오가는 것이 '사회학적 상상력'이다. 밀즈Wright Mills는 개인의 생애를 알려면 사회구조 속 위치와 그 사회의 역사를 배경으로 해야 하며, 구조는 개인들의 생애가 역사적으로 쌓여 굳어진 것이고, 역사는 개인의 생애가 교직해낸 흐름이라고 했다. 그의 설명대로, 사회학은 현실문제를 다루되 도구적이기보다 이상적인 가치를 논하며, 이상과 꿈을 다루되 진공 속 논리가 아니라 구체적인 사회현실을 토대로 한다는 매력이 있다.

사회학을 전공하고 사회학자가 된 지 곧 40년, 젊어서는 끊임없는 질문을 경험적으로 분석해 새로운 연구성과를 발굴하고 쌓아야 한다는 강박에 쫓겼다. 벌여놓은 작업이 대부분 공동연구다 보니 맡은 몫을 정리하고 전체를 묶어내는 숙제도 만만치 않았다. 그러나 시간이 지날수록 새로운 것을 찾는 일보다, 길어올린 연구성과를 잘 정리해 젊은 세대에게 이야기해야 할 필요를 느끼게 됐다. 서울대학교에서의 사회학 강의는 20대 젊은 학생들을 만나 이들의 희망과 삶의 고뇌를 나눌 소중한 기회가 아닐 수 없었다.

이 책에서 독자들이 사회학이 가진 종합적인 상상력을 조금이나마 느낄 수 있으면 좋겠다. 개인의 행복이나 아픔이 내면의 문제만이 아니라 이 사회를 구성하는 구조와 밀접히 관련되어 있다는 것, 그리고 내 삶의 궤적이 나를 둘러싼 우리 사이의 관계를 통해 형성된다는 것, 또한 함께 의지하고 신뢰하는 범위가 넓어질수록 개인의 삶을 위협하는 문제들을 함께 풀어나갈 사회적 역량도 커지고 제도화도 가능해진다는 것을.

가능한 한 쉽고 흥미롭게 내용을 전달코자 했는데, 독자들이 이 책을 읽고 혹시 그렇게 느끼셨다면, 이는 그동안 강의를 들으며 신선한 질문과 흥미로운 해석으로 젊은 세대의 상상력을 보태준 서울대 학생들, 지난 수년간 한국고등교육재단의 드림렉처 프로그램에서 만나 초롱초롱한 눈빛과 진지한 질문을 보내준 각지의 고등학생들, 그리고 희망과 좌절을 겪는 청년의 눈으로 원고를 읽고 비평해준 두 아들, 현호와 찬호 덕이다. 만일 여전히 난해하고 어렵게 느끼신다면 이는 전적으로 필자의 둔함과 게으름 탓이다. 강연 원고를 풀고 깔끔하게 편집하는 데 도움을 준 21세기북스의 장보라, 김다미 두 분에게도 감사를 드린다.

2019년 5월

이재열

1부 _____

우리는 왜

'불신,
불만,불안'

3불 사회가
되었는가

한국은 성공적인 산업화와 민주화를 이룬 기적의 나라로 칭송받지만 정작 한국인들의 마음은 '불신', '불만', '불안'으로 가득하다. 물질적으로는 풍요한데 자살률은 급증하고 정치적 냉소가 심각한 '풍요의 역설', '민주화의 역설'에 시달리고 있다. 왜 이렇게 된 것인가. 한국인의 '마음의 습관'을 읽어봄으로써 그 해답의 단서를 찾아보자.

한국인의 마음을 읽으면
한국이 보인다

'헝그리 사회'는 어떻게 '앵그리 사회'가 되었나

현재 우리가 사는 한국사회는 '불신, 불만, 불안'의 3불 사회라고 특징지을 수 있다. 왜 이렇게 된 것일까? 우선 그 증상을 살펴보아야 우리가 정확히 어떤 상태에 있는지 가늠할 수 있다. 우울한 내용이지만, 확실한 진단이 있어야 처방이 가능하기에 현실을 냉정히 따져볼 필요가 있다.

사실상 한국은 외부로부터 성공적으로 산업화와 민주화를 이룬 기적의 나라로 칭송받는다. 그러나 정작 한국인 스스로는 한국이 선진국이 되려면 아직 멀었다고 생각한다. 이상한 역설임이 분명하다. 해외에 나가본 사람이라면 모두 공감하겠지만, 한국에 있을 때보다 밖에 나가면 한국이 훨씬 커 보인다. 아시아는 물론이고 유럽 어디를 가더라도 그곳 공항에 내리면 만나는 것이 한국 기업의 광고판이다. 세계 어디서나 한국의 자동차나 전자제품이 널리 쓰이는 것을 확인하는 것은 즐거운 일이다.

한번은 세미나 참석차 동유럽에 간 적이 있다. 온종일에 걸친 학술토론이 끝나고 이어진 저녁 만찬에서 한국을 주제로 이야기꽃을 피우게 되었는데, 당시 나는 그 자리에 있는 유일한 한국인이라는 이유로 졸지에 각광받는 인사가 되었다. 각국에서 온 학자들은 한국이 최첨단 기술을 잘 활용해서 성공적으로 성장한 나라라고 칭송해 마지않았다. 중국 장춘長春에서 온 한 교수는 자기 집의 모든 물건을 한국산 제품으로 가득 채웠다는 것을 자랑스럽게 이야기하기도 했다. 당시 중국에서는 한국 제품을 쓰는 것이 중산층의 상징이라는 것이었다.

그것이 벌써 10여 년 전 이야기다. 이처럼 해외를 돌아다니면 한국이 얼마나 대단한 나라인지를 느낄 수 있다. 그런데 막상 우리나라 사람들은 여전히 자국에 대한 자부심이 높지 않다. 외부에서 보는 모습과 내부의 자화상 사이에 상당한 차이가 있는 것이다.

전상인 교수는 한국이 '헝그리' 사회에서 '앵그리' 사회로 변모했다고 표현한 바 있다.[1] 1950~60년대의 가난하고 배고픈 사회가 지나고 풍요로운 사회에 들어섰지만, 무슨 이유에선지 모두가 무언가에 분노하는 사회가 된 것이다. 풍요의 역설이다. 왜 이렇게 되었을까?

그 해답을 찾으려면 '사회의 품격'에 대해 살펴보아야 한다. 사전에서 '격格'의 의미를 찾아보면 "주위 환경이나 형편에 자연스럽게 어울리는 분수나 품위"라고 정의되어 있다. 격의 대표적인 것 중 하나가 '됨됨이'다. 예를 들어 결혼 상대자를 고르거나 사윗감이나 며느릿감을 본다고 할 때 직업이나 학벌, 가문 등 여러 가지를 보아야겠지만 빠뜨릴 수 없는 것이 바로 사람 '됨됨이'다. 어떤 인격체인지 판단하는 것이다.

나라나 조직에 대한 평가도 마찬가지다. 그 나라가 경제적으로 부유하고 군사적으로 강한지도 봐야 하지만, 얼마나 격이 있는 나라인지를 알아야 한다. 이를 두고 미국의 국제정치학자 조지프 나이Joseph Nye는 소프트파워soft power, 즉 연성권력軟性權力이라는 표현을 쓰기도 했다.[2] 그가 말한 소프트파워는 어떠한 강제나 보상 없이 설득과 매력으로 원하는 것을 얻는 능력이다. 군사적·경제적 역량만으로는 알 수 없는 그 나라의 수준을 격이라고 이해할 수 있다. 그렇다면 우리나라의 격, 나아가 우리 마음의 격을 높이려면 우리는 어떤 노력을 기울여야 할까?

우리 사회의 역설을 해석하는 민심 읽기

앞에서 한국을 불신, 불만, 불안의 '3불 사회'라고 했는데 그 원인을 간략히 살펴보자. 먼저 '불신'은 어디에서 온 것일까? 이것은 무엇보다 과거의 경험, 즉 제도나 시스템을 믿을 수 없었다는 경험에서 온다. 왜 '불만'이 많은가? 그동안 지속적 경제성장으로 인해 사람들의 눈높이가 대단히 높아지다 보니 웬만한 성취에는 만족하지 못한다. 고도성장기가 지나고 이제는 저성장기에 들어선 것이 분명한데, 성장에 익숙해진 관습이 바뀌지 않으니, 뉴노멀new normal의 시대에 여전히 불만이 많다. 왜 '불안'한가? 앞으로 닥칠 미래, 특히 노후에 대한 준비가 안 되어 있기 때문이다.

이처럼 우리는 패러독스에 빠져 있다. 물질적 풍요에도 불구하고 자살률이 급증하고 행복감은 폭락했으며, 성공적인 민주화에도 불구하고 정치에 대한 냉소가 심해지고 투표율 또한 폭락했다. 우리는 '풍요의 역설'과 '민주화의 역설'에 시달리고 있는 것이다.

한국은 2차 세계대전 이후 독립한 나라치고는 가장 빨리 국민소득 3만 달러에 근접한, 경제적 성공을 이룬 나라다. 게다가 동시에 민주화까지 성취했다. 그런데도 대다수 국민들은 풍요를 체감하지 못한다. 청년층의 삶은 특히 불안하다. 요즘에는 많은 것을 포기했다는 'N포 세대'라는 신조어까지 유행하고 있다.

민주화를 이뤘다고 하지만 민주주의에 대한 불만도 상당하다. 우리나라는 OECD 국가 중에서 투표율이 가장 낮은 축에 속한다. 정치에 대한 불신이 팽배한데, 정작 선거 때가 되면 투표장에 가지 않는다. 최근 변화 조짐이 약간 보이기는 하지만 정치에 대한 효능감은 여전히 낮다.

이처럼 역설적인 사회현실을 들여다보기 위해 두 가지 방법을 썼다. 하나는 여러 객관적 자료를 활용해 동향과 추세를 분석하는 것이고, 또 다른 하나는 직접 사람들의 이야기를 경청해서 그 안에 담긴 정서와 감정, 그리고 '민심'을 해석하는 것이다. 이 두 가지 방법을 함께 구사하는 것을, 전문용어로는 '방법론적 삼각측량'이라고 한다.

기하학에서 삼각측량은 직접 잴 수 없는 두 점 A와 B 사이의 거리를 구하고자 할 때, 직접 잴 수 있는 곳인 세 번째 점 C를 기준으로 A-C, B-C 간의 거리 및 각도를 구하면 A-B 간의 거리를 계산할 수 있는 방법이다. 예컨대 올라가기 어려운 나무의 높이나, 강을 사이에 둔 두 지점 간 거리도 이런 방법으로 구할 수 있다.

사회학에서 삼각측량이란 전혀 다른 두 가지 방법, 즉 질적 방법과 양적 방법을 교차시켜 한국인들의 경험을 반영한 '체계적 민심 읽기'를 함으로써 '마음의 습관habits of the heart'을 읽어내는 방법인데, 이는 우리를 괴롭히는 문제들에 대한 해답의 단서를 찾고자 하는 내 나름의 해석 작업이다.

사회적 웰빙을 다루는 사회정신건강

역설의 시대, 3불 사회를 사는 한국인의 마음의 행로를 읽어내기 위해 먼저 이해해야 하는 개념은 '사회정신건강'이다. 아마도 우리나라에서 이 개념을 처음 사용한 이는 1996년 사회정신건강연구소를 설립한 정신과 전문의 이시형 박사가 아니었을까 짐작한다. 그러나 그가 이 개념에 대해 엄밀한 정의를 내린 적이 없고, 이 연구소의 연구원들에게 확인해도 정확한 개념을 알 수는 없었다.

그래서 내 나름으로 '사회정신건강'을 정의해보기로 했다. 여기에는 '사회', '정신', '건강'이라는 세 개념이 들어 있다. 각 개념은 오랫동안 독자적으로 발전해온 학문 분야와 대응한다. 즉 '사회'를 다루는 사회학자, '정신'을 다루는 심리학자, 그리고 '건강'을 다루는 의학자로 각각의 전문성이 나뉜다. 그러나 사회정신건강은 세 개념의 단순한 병렬이 아니므로, 여기서 둘씩 짝지우면 개념들의 교집합에 담긴 중첩되는 영역들, 즉 '사회∩정신', '정신∩건강', '사회∩건강'이라는 세 영역이 드러난다.[3]

'사회∩정신'은 그 사회에서 집단으로 발현되는 마음, 즉 '사회의 마음'으로서, 각 개인의 정신으로 환원되지 않는 독특한 출현적 속성을 갖는다. 미국의 사회학자 벨라Robert Bellah는 이를 마음의 습관이라고 불렀다.[4] 이는 여러 세대에 걸쳐 서서히 형성되는 지배적 가치관으로서, 어린아이가 사회화해 성인이 되는 과정에서 구성원들에게 자연스럽게 내면화되는 사고양식을 뜻한다.

'정신∩건강'은 정신과 의사들의 관심 영역이다. 우리나라 정신과는 생물정신의학biopsychiatry에 뿌리를 두고 있다. 그러니까 주로 약으로 치료하는 생물학적 전통이 강하고 이에 의존하는 정신의학이다. 사회정신의학social psychiatry 은 그것과는 조금 다르다. 사회적 특성이 드러나는 질병들이 사회정신의학의 대상이 되는데, 예를 들어 한국사회의 독특한 정서라 할 수 있는 정情, 한恨 등이 그러한 영역에 속한다. 사실상 한국에만 존재하는 질병 중 하나가 '화병'인데 영어 백과사전에도 화병은 우리말 그대로 화병이라고 게재되어 있다. 이는 서양 사람들에게는 잘 전달되지 않는 개념이다. 한恨 또한 마찬가지다. 문화적으로 우리 사회에서만 독특하게 발생한 개념으로, 이러한 사회적 증상들을 사회정신의학에서 다룬다.

'사회∩건강'은 고전적 사회학자들의 관심대상이었다. 대표적인 학자로는 급속한 사회변화 과정에서 사회통합을 유지할 수 있는 규범의 역할에 관심을 가진 뒤르켐Emile Durkheim이 있다. 전통적 사회의 유대를 지켜온 도덕적 규율이 급속한 사회변화로 인해 파괴되어 무규범 상태가 되면 사회건강이 유지될 수 없다고 본 것이다. 개인의 건강이 아픈 경우는 의사들이 치료하지만 '사회건강'에 문제가 생긴 경우는 사회학자들이 관심을 갖고 살펴본다. 건강성 측면에서

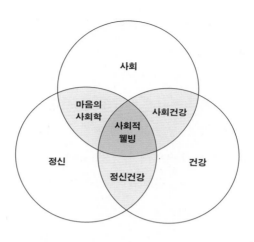

사회정신건강의 영역

한 사회가 얼마나 질서 있고 서로 협력하며 통합된 좋은 사회인지, 아니면 서로 갈등하고 분리되고 소외되어 있는 사회인지 판단해볼 수 있는 것이다.

이처럼 사회, 정신, 건강이 모두 중첩되는 '사회∩정신∩건강'의 영역을 학자들은 '사회적 웰빙social wellbeing', 혹은 사회의 격이라 부른다. 사회의 격은 멀리 있는 추상의 세계가 아니라 바로 내 일상 속에 들어와 있고, 내 삶을 규정하는 대단히 중요한 현실문제가 아닐 수 없다.

사회 시스템이 만드는 마음의 습관

사회가 발전하면, 과거에는 없던 질병이 생기기도 한다. 생활수준이 높아지고 위생관념이 높아진 요즘 유난히 아토피 환자가 많아졌다. 풍요로운 먹거리가 많아졌는데 먹는 것을 거부하는 거식증도 생겼다. 마음의 병도 마찬가지다. 사람들을 만나는 것을 두려워해 집 안에 틀어박히는 '은둔형 외톨이'가 늘고 있는데, 일본의 경우 히키코모리ひきこもり라고 해서 이미 심각한 사회적 문제가 되어버렸다.

이와 같은 문제를 풀어가는 방법 중 하나는 정신분석이다. 민성길, 전우택 교수의 공저 『서울을 정신분석하다』라는 책을 보면 개인을 정신분석하듯 서울이라는 지역을 분석하고 있다.[5] 그 틀을 정신역동이론이라고 하는데, 서울이 가진 문제를 '그 문제를 해결할 수 있는 나름의 자원이 충분히 준비되어 있느냐'의 관점에서 보는 것이다.

하버드의 정치학 교수 홀Peter A. Hall과 사회학 교수 라몽Michèle Lamont은 『성공적 사회: 제도와 문화는 어떻게 건강에 영향을 미치는가』(2009)라는 책에서 정신건강뿐 아니라 신체건강도 그 사회가 어떤 사회적 환경을 이루고 있느냐에 따라 영향을 받는다고 했다.[6] 캐나다 사람들을 대상으로 그들의 건강이 무엇 때문에 차이가 나는지를 살펴보니, 그 지역 공동체 내의 사람들이 서로 얼마나 다양한 사람들과 관계를 잘 유지하는지에 따라 결정적인 차이가 난다는 사실을 발견했다.

마음의 습관, 이 말을 처음 쓴 이는 토크빌Alexis de Tocqueville이라는 프랑스의 외교관이자 사회학자였다. 19세기 초반 신생 독립국인 미국을 방문한 그는 의외의 사실을 발견하고 경이감을 느꼈다. 당시 프랑스는 격렬한 혁명을 통해 근대적인 민주국가를 만들어가는 과정에서 반혁명과 앙시앙 레짐으로의 회귀 등 많은 우여곡절을 겪고 있었는데, 이제 막 독립한 신생국 미국은 매우 자연스럽게 풀뿌리부터 민주주의를 실현하고 있었기 때문이다. 깊은 인상을 받은 토크빌은 무엇이 이러한 현상을 가능하게 한 것인지 연구해 『미국의 민주주의Democracy in America』라는 책에 담았다.[7]

토크빌의 책은 단지 민주주의 제도에 대한 것만이 아닌, 신생국이었던 미국의 국민이 어떤 사고방식, 어떤 마음의 습관을 지니고 민주주의를 실현했는지 그 기저를 밝히고 있다. 그가 밝혀낸 미국인들의 사고방식은 매우 조직적이었다. 미국인들은 기본적으로 개인의 문제는 개인이 풀어야 한다는 개인주의에 입각해 있지만, 사회적으로는 아래로부터 차곡차곡 협약을 쌓아가는 방식으로 민주주의를 이루었다. 예컨대 작은 공동체들이 타운을 만들어 타운 미팅을 통해 자신들의 운명을 결정하고, 이 타운이 모여 시 정부를 구성하며, 또 이 시가 모여 주state를 만들고 이 주의 대표들이 모여 연방을 구성하는 식이다.

지금도 미국의 대통령 선거제도는 옛날 방식 그대로라서 매우 시대에 뒤진 면을 지니고 있다. 주마다 유권자들이 선거인단을 뽑고 그 선거인단이 몰표를 행사해서 한 후보를 찍게 되어 있다. 예전에는 모든 유권자가 마차를 타고 워싱턴까지 갈 수 없으니 투표인단을 만들어 보냈던 것인데 과거의 지방 분권적 전통을 지금까지 유지하고 있는 것이다.

미국사회의 또 다른 특징은 총기 휴대가 합법화되어 있다는 것이다. 조승희 사건을 비롯해 총기 난사로 많은 희생자를 낳는 참사가 잊을 만하면 보도되곤 한다. 이를 두고 비판과 논란이 많다. 나 역시 왜 총기 소유를 단속하지 않아서 매번 총기 난사 사건으로 수많은 희생자를 낳는지, 그럼에도 불구하고 총기 소유가 왜 그토록 중요한 정치적 이슈가 되는지 이해할 수 없었다. 그런데 내가 직접 운전해서 장거리 여행을 해보니 그들의 시스템이 이해됐다. 시애틀에서 출발해 90번 국도를 따라 동쪽으로 차를 몰고 여러 주를 넘어 운전했는데, 끝없이 펼쳐진 평원을 서너 시간 달려야 작은 마을을 만나 기름도 넣고 가게에도 들를 수 있었다. 지금도 이러할진대, 수백 년 전에는 어땠을까? 의지할 것은 자기 총으로 무장한 마을 단위의 자경단밖에 없었겠다는 생각을 하게 됐다. 그런 시스템하에 만들어진 미국 사람들의 사고방식은 오랜 기간 중앙집권적 국가를 유지해온 프랑스와는 전혀 다른 것이다.

벨라는 미국인 마음의 습관을 개인주의에서 찾았다. 미국은 개인의 자율과 창의를 기본으로 하되, 뿔뿔이 흩어진 개인이 아니라 공동의 문제에 대해 함께 고민하고 자발적 참여로 공공의 이익에 이바지하는 참여의식으로 공동체를 유지해왔다.

한국인 마음의 습관을 읽기 위한 연구도 등장했다. 송호근 교수는 『한국의 평등주의, 그 마음의 습관』(2006)이라는 책에서 강한 평등주의 경향에 대해 지적했다.[8] 김홍중 교수는 『마음의 사회학』(2009)이라는 저서에서 어떻게든 살아남아야 한다는 강한 생존본능이 한국인들 마음의 기저에 깔려 있다고 진단했다.[9]

시민들의 목소리를 듣다

프랑스의 사회학자 뒤르켐은『자살론』에서 자살의 여러 유형을 밝힌 바 있다. 보통 자살을 개인적인 문제로 치부하기 쉬운데, 뒤르켐은 집단에 따라 자살률이 차이가 나는 것에 호기심을 갖고 연구한 끝에 종교나 지역에 따라 자살률에 차이가 난다는 것을 발견했다. 가톨릭 사회에서는 자살률이 높지 않은 데 비해 프로테스탄트 지역에서는 높았고, 또한 농촌은 높지 않은 데 비해 도시는 높았다. 이런 차이를 설명하기 위해 그는 이타적 자살과 이기적 자살이라는 개념을 도입했다.

즉 개인주의가 심화되고 공동체의 구속력이 약해지면 고립된 개인들이 늘어나기 때문에 자살이 빈번해지는데 뒤르켐은 이를 '이기적 자살'이라 명명했다. 반대로 개인이 과도하게 사회에 통합되었을 때, 자신이 속한 집단의 가치를 개인의 가치보다 더 중시하게 되어 집단을 위해 자기를 희생하는 것을 '이타적 자살'이라고 했다. 또한 급격한 사회변화 속에서 사회규범이 제대로 작동하지 않아 무규범 상태가 되었을 때 나타나는 자살을 '아노미적 자살'이라고 표현했다.

뒤르켐은 자살로 대표되는 사회현상을 연구하면서 사회

의 건강성에 대해서도 천착하게 되었다. 빠른 사회변동의 결과 사회규범이 작동하지 않는 상황을 아노미anomie라고 했는데, 결국 사회의 건강성은 경제수준이나 정치수준과는 별개의 문제라는 것이다.

한국사회의 변화 속도는 타의 추종을 불허한다. 압축적인 고도성장과 민주화는 큰 성취지만 그런 경제적, 정치적 변화의 폭과 깊이가 깊을수록 전통적인 규범이나 가치와의 간극 또한 커질 수밖에 없다. 이런 도덕·규범의 지체나 괴리의 양상을 드러내는 것이 지금 문제가 되는 사회의 품격이라고 할 수 있다.

나는 이와 같은 우리 사회의 품격을 가늠하기 위한 방안으로 초점집단토론focus group discussion이라는 질적면접방법을 택했다. 초점집단토론이란 일반 시민을 비슷한 배경과 특성을 가진 소집단으로 나누어 같은 주제에 대해 자유롭게 이야기를 나누게 하는 방법이다. 낯선 이들이 처음 만나는 것인 만큼 처음에는 쭈뼛쭈뼛 어색해하지만, 이야기가 조금 진행되고 나면 공통의 경험에 대한 공감이 이루어지고, 어느덧 시간이 지나면 하고 싶은 이야기들을 다 털어놓게 된다. 그 대화를 글로 풀어내면 많은 양의 대화록이 쌓이게 된다. 이 대화록에 대한 다양한 분석을 통해 시민들의 생각을 읽어낼 수 있다.

먼저 참가자를 각각 5~8명으로 구성된 8개 집단으로 나누어 같은 주제에 대해 자유롭게 이야기를 나눌 수 있게 했다. 이에 앞서 은퇴를 앞둔 베이비붐 세대와 본격적으로 사회에 진입한 에코 세대 두 집단으로 나눴다. 베이비붐 세대는 전쟁 직후 사회가 안정되면서 출산율이 늘어날 때 태어난 사람들을 의미한다. 우리 사회에서는 1955년부터 1963년 사이에 태어난 이들이 베이비붐 세대에 해당한다. 이들의 특징은 말 그대로 당시 출생자가 많았다는 점이다. 그런데 실제로 출생자가 가장 많았던 때는 1970년대 초반으로 매년 100만여 명이 태어났다. 그 후 출생률이 대폭 줄어들었는데, 베이비붐 세대의 자식 세대쯤 가면 다시 출생률이 올라간다. 마치 일정 간격을 두고 물결이 퍼져나간 것 같은 양상이다.

에코 세대는 다시 한 번 출생률이 올라간 1979년에서 1992년 사이에 태어난 사람들이다. 이들 두 세대를 대상으로 한 것은 이들의 경험이 상당히 달라서 대표적인 두 세대 간의 차이를 통해 한국의 상황을 심층적으로 살펴볼

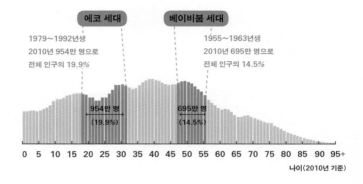

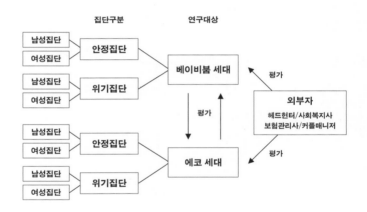

에코 세대와 베이비붐 세대의 집단토론[10]

수 있기 때문이다.

그리고 각 세대는 다시 중산층 생활을 하는 안정집단과 경제적으로 어려움을 겪고 있는 위기집단으로 나누었고, 이들을 다시 각각 남녀집단으로 나누어 집단토론을 진행했다. 이로써 세대 간, 계층 간, 남녀 간 비교가 가능한 8개 집단 내에서 방대한 토론기록이 축적되었다.

토론의 내용은 집단별 불안과 불신의 내용, 경제상황과 노후준비, 가족경험과 정서, 사회관계의 특징, 정치의식과 사회적 인식 등이다. 이 모든 주제에 대해 자유롭게 이야기하는 시간을 가졌다. 그래서 찾아낸 우리 사회의 특징이 앞에서 언급한 바와 같은 불신, 불안, 불만의 '3불'인데, 이러한 3불 사회의 특성을 초점집단토론의 기록과 여러 통계자료를 이용해 구체적으로 설명하면 다음과 같다.

사회규칙의 공정성과 투명성에 대한 불신

토론결과 가장 두드러진 것은 시민들이 사회에 대해 강한 불신을 가졌다는 점, 사회 전반의 투명성을 낮게 인식한다는 점이었다. 세계투명성협회에서 발표한 자료를 보면 2007년부터 2016년까지 우리나라의 투명성지수는 대개

10점 만점에 5점에서 5.6점 사이를 왔다 갔다 하고, 순위로 보면 전 세계에서 40위권에서 50위권 사이를 오르내리는데, 최근에는 50위권으로 떨어졌다.

한국에서 활동하는 외국 기업인들은 한국에서 비즈니스를 하려면 모든 것이 너무 불투명해서 인맥을 동원하지 않으면 풀기 어려운 문제들이 많거나 정말 중요한 문제는 뇌물을 주지 않으면 해결되지 않는다고 이야기한다. 다른 나라와 비교해서 상대적으로 투명성이 상당히 떨어진다는 것인데, 사실상 다수의 국민도 그렇게 느끼고 있다. 현재는 많이 개선된 상태라고 하지만 과거의 경험들 때문에 그러한 인식이 강하게 자리잡은 듯하다. 흥미로운 것은 직접 뇌물을 준 적이 있는지 물어본 질문에 대한 응답률은 대단히 낮다는 것이다.

사회적 불신이 가장 강한 영역은 조세와 각종 보험 관련 부분이었다. 세금이나 보험료가 공정하게 걷히고 공정하게 쓰이는지에 대한 의심이 상당했다. 서민들은 4대 보험료를 꼬박꼬박 낼 수밖에 없음에도 오히려 부자 중에 상습적으로 이를 체납하는 사람들이 많다고 생각했다. 수백억의 자산을 보유하고도 보험료를 내지 않거나 세금을 제대로 내지 않는 사람들이 많기 때문일 것이다. 가끔 잊을 만하면 언론에 등장하는 '건강보험료 장기체납자들, 해외여행 다니며 흥청망청 호화생활!' 등의 기사는 국민들의 분노를 자아내는 소재가 아닐 수 없다. 국민건강보험공단이 발표한 2017년도 고액·상습 체납자 현황만 봐도 6000명이 넘고, 그 금액을 합산하면 2000억이 넘는다. 상황이 이러하니 당연히 국가 시스템이 공정하게 작동하지 않는다고 의심의 눈길을 보낼 수밖에 없는 것이다.

실제로 시민들은 토론에서 의료보험 부담금 절약의 노하우를 공유하며, 절세·탈세 능력을 사업수단으로 생각하는 모습을 보여주었다. 예컨대 생활이 어렵다고 엄살을 피우면 특히 지역보험의 경우 보험료를 조금 낮춰주기도 하고, 그다음에 계속 버티기를 하면 안 낼 수도 있다는 식의 노하우들이다.

과세의 불공정성과 불투명성, 적절치 않은 운용에 대한 분노는 세대를 가리지 않고 폭발적이었다. 유리알 지갑을 가진 봉급생활자들과 탈세 의혹이 높은 자영업자 간의 불공정성과 불투명성에 대해 많은 이들이 지적했고, 내가 낸 세금이 과연 제대로 쓰이는지, 꼭 필요한 사람에게 가는지에 대한 의구심이 강했다.

복지에 대해서도 마찬가지다. 복지가 필요하다는 점에 대해서는 다들 인정하지만 복지 혜택이 정말 필요한 사람에게 돌아가는지에 대해서는 고개를 갸웃거렸다. 비록 과거보다 복지제도가 많이 보완되었다고 할 수 있으나 부정사례를 감시하고 적발할 수 있는 운영 시스템과 복지 전달 체계는 문제가 많다고 지적했다. 사실상 사회적 불신은 규칙의 공정성과 투명성에 대한 불신일진대, 그 규칙이 모두에게 예외 없이 적용되지는 않는다는 인식이 보편적으로 깔려 있는 것이다.

허무한 '베이비붐 세대' VS
불안한 '에코 세대'

미래의 씨앗은 누가 뿌릴 것인가

이제 우리 사회를 지배하고 있는 '불안'에 대해 살펴보자. 먼저 베이비붐 세대의 집단기억 속에 남아 있는 외환위기의 충격에 대해 말하지 않을 수 없다. 역사적으로 불안을 초래한 원인으로는 전쟁이나 재난, 실업 등 많은 요인이 있겠지만, 베이비붐 세대에게는 1997년의 외환위기가 가장 큰 사회적 트라우마로 작용했다.

　외환위기 전까지 한국인은 늘 어제보다 나은 오늘을 경험했고, 오늘보다 나은 내일을 기대했으며, 그 기대가 충족되는 삶을 살았다. 아들 세대는 아버지보다 나아진 사회를 경험했고, 또 그 자식 세대는 자신보다 더 개선된 사회에서

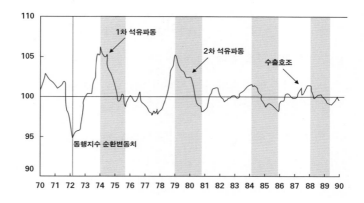

베이비붐 세대의 인생 사이클[11]

살 것이라 기대했다. 이는 지속적인 경제성장 때문에 가능한 일이었다. 그런데 외환위기는 그런 기대가 틀렸다는 것을 집단으로 체험하게 했다. 안정적이라고 생각했던 직종의 사람들이 맨바닥으로 추락하는 경험을 하게 된 것이다.

많은 기업이 부도로 무너지고, 가장 안정적인 직업으로 여겨졌던 은행원들이 정리해고되는 것을 지켜보며 국민은 깊은 충격을 받았다. 하루아침에 빈곤층으로 추락한 사람들은 지옥을 경험했고, 추락을 비켜간 중산층은 '생존자 증후군'을 갖게 됐다. 외환위기 이전에는 '희망의 문화'가 지배했다면 이후에는 '불안사회' 증후군이 전반적으로 확산됐다. 특히 그때 어려움을 겪었던 집단 중에서는 그 이후에 다시 회복력을 가지고 제자리로 돌아오지 못한 경우도 많았다.

에코 세대는 이처럼 사회적 분위기가 바뀐 다음에 사회에 진출한 세대다. 당연히 과도한 위험회피 경향을 보일 수밖에 없다. 보릿고개를 경험하며 고난을 헤쳐나간 헝그리 정신을 지닌 베이비붐 세대와 달리 풍요 속에 성장한 에코 세대에게 부모보다 가난해질 수 있다는 것은 커다란 공포를 갖게 하는 일이다. 따라서 이들은 안전함을 추구한다. 이들은 이전 세대보다 더 높은 교육을 받았고, 어학연수를 통해 뛰어난 외국어 실력을 갖추었으며, 각종 자격증을 취득했다. 하지만 대기업이나 공무원 혹은 공기업 채용시험에 몰리는 등 안정적인 일자리를 선호하는 경향이 강하다. "9급 공무원 지원자 역대 최다…경쟁률 46.5대 1"과 같이 매년 반복되는 기사는 우리 사회에서 젊은이들이 직업을 선택할 때 안전지향성이 강함을 잘 보여준다.

이런 사회적 분위기 속에서 청년층이 더 이상 실패위험이 따르는 창업에 나서지 않는다는 것은 개인적으로는 합리적인 선택이라 할 수 있겠지만, 나라의 미래를 생각하면 심각한 일이 아닐 수 없다. 중국에서는 현재 1년에만도 553만 개의 새로운 기업이 만들어지고 그 창업자들이 대부분 청년층이라고 하는데, 우리나라의 경우 창업은 1년에 고작 9만 6000개이고, 그 중 청년 창업은 2000개 정도라고 한다. 중국의 창업생태계는 정부와 기업의 수요에 따라 성장을 거듭하고 있으며, 창업생태계에서 창출되는 혁신이 중국의 미래 산업발전의 동력으로 작용할 것으로 전망한다.

그런데 한국은 중국과 반대다. 미래의 먹거리를 만들어내기 위해서는 지금 누군가 씨앗을 뿌리고 무언가를 만들어서 키워나가야 고용 창출이 되는 것인데, 모두가 공무원이 되겠다고 줄을 서고 있다. 실제로 서울시 공무원 시험을 보는 날에는 KTX 기차표가 매진될 정도로 전국에서 수험생들이 몰려든다. 실로 우려할 만한 일이 아닐 수 없다.

사회적 불안이라는 새로운 위험의 등장

적절한 수준의 위험회피는 건강함의 표시라고 하겠지만, 과도한 위험회피는 강박증과 비슷하다. 그런 측면에서 현재 우리 사회는 일종의 안전 강박증에 사로잡힌 것이 아닐까. 실제로 에코 세대는 현재의 성취에 만족하지 못한다. 더 높은 층으로 이동하지 않으면 위험하다는 강박증에 시달리는 것이다.

집단토론 때 인터뷰했던 한 중산층에 속한 청년은 이렇게 말했다. "저는 저축 안 해요. 사회생활을 7년 정도 했는데 7년 동안 번 돈 전부 주식에 투자했습니다. 10년 뒤 100억을 모으는 게 목표인데, 돈에 대한 욕심이 많다기보다 미래에 대한 두려움과 불안함이 있기 때문이에요. 그때쯤이면 제가 설계했던 삶을 살고 싶어요." 모두가 부러워하는 공기업에 취업한 청년의 생각이 이렇다.

반면 그즈음에 시청한 다큐멘터리에서 보여준 복지국가

스웨덴의 실상은 우리와 매우 달랐다. 해고된 자동차 공장의 노동자가 한 달에 180만 원을 실업수당으로 받으면서 다음 일자리를 찾고 있었는데, 그는 전혀 불안해하지 않았다. 그런데 우리 젊은이는 100억이 없다고 불안해하니 이게 말이 되는 것인가? 요즘 은행에 100억을 예금하면 세금을 제외하고 이자가 1억 정도 나온다. 따라서 연봉 1억짜리 직업으로 생각하려면 100억은 있어야겠다고 생각할 수도 있겠지만, 어쨌든 좀 과한 생각이 아닐 수 없다.

왜 이렇게 됐을까? 사회학자들은 이와 같은 사회적 분위기를 '새로운 사회적 위험'이 널리 퍼졌기 때문이라고 본다. 과거에는 가구주가 일하면 삶의 위험에 대한 대비책이 기본적으로 마련됐다. 아플 때는 의료보험, 퇴직 후에는 연금이 지급되었으니, 가구주의 취업 자체가 일종의 복지였다. 물론 그 복지 시스템이 모든 이들을 보호할 만큼 충분한 것은 아니었고, 그것이 제대로 실행되지도 않았지만, 그래도 가장이 직장을 잡으면 많은 것이 해결되는 구조였다. 그런데 사정이 바뀌었다. 아래에서 언급하겠지만, 우선 1인 가구가 부쩍 늘었다. 외환위기를 겪은 후 사람들은 직장을 잃고 질병, 실업, 노후와 같은 전통적 위험에 대한 대비책이 없는 상태에서 전직훈련, 육아, 노인 돌봄 등 급변하는 생애 주기상의 불확실성이라는 새로운 위험에 직면하게 되었다.

이제는 스스로 알아서 종신보험이나 연금보험에 가입하거나 금액도 미미한 국민연금과 국가복지에 기댈 수밖에 없는데, 정부는 믿을 수 없고 정치인은 모두 허황하다고 생각한다. 다음과 같은 말들이 기댈 언덕이 없는 이들의 심정을 드러낸다.

"허경영이 자기가 당선되면 결혼하는 사람들에게 1억씩 준다고 하는 거랑 비슷한 것 같아요. 정치인들 하는 얘기는 정말…."

"우리나라 국회의원은 직업이에요. 자기들이 택한 직업이기 때문에 그 사람들에게 당신 직업으로 우리 잘살게 해줘, 이렇게 바랄 수도 없고 바래봤자 헛일이라고 생각해요."

그리고 베이비붐 세대는 확실히 노후에 대한 불안감이 크다. 퇴직연령은 2009년 평균 53세였다. 평균수명은 계속 늘어나는데, 이렇게 퇴직이 빠르니 경제적 어려움을 걱정할 수밖에 없다. 물론 정년을 연장하는 법안들이 통과되기는 했지만, 근속연수로 보면 우리나라는 외국의 기준보다 매우 짧은 편이다. 일종의 절벽 사회와 같다. 일할 때는 꼭두새벽부터 밤늦게까지 하는데, 실직하고 나면 일이 하나도 없는 것이다. 또한 과하게 보호받는 정규직과 같은 일을 해도 엄청난 저임금과 신분 불안에 시달리는 비정규직 사이에도 절벽은 존재한다.

그런데 기대수명은 점점 늘어나고 있다. 몇 년 전 〈타임〉 지 표지 기사에 "2015년에 태어나는 아이들은 142세를 살 것"이라는 내용이 실렸다. 장수는 과연 축복일까? 얼마 전 통계청장을 역임한 오종남 박사가 쓴 책 『은퇴 후 30년을 준비하라』가 베스트셀러가 되었다. 책에서 저자는 태어나서 30년 공부하고 준비하여 운 좋으면 30년을 뼈 빠지게 일하는데 은퇴한 후 여전히 30년을 더 살아야 하니, 자식들에게 미리 재산 물려줄 생각하지 말고 자신의 노후를 지혜롭게 준비하라고 했다.[12]

베이비붐 세대가 갖는 존재론적 불안

경제적 불안 못지않게 노인들을 괴롭히는 것은 존재론적 불안감이다. 자신이 용도 폐기되어 더는 생산적인 일을 하지 못할 것이라는 불안감이 상당하다. 현재 우리 사회에서 사람들이 실제로 체감하는 은퇴 나이는 50세 정도다. 60대까지 일하고 싶지만 50대가 되면 여러 가지 압력에 의해 밀려날 수밖에 없다는 불안감이 퍼져 있다. 현재 평균수명이 80세에서 90, 100세로 늘어나고 있는데, 그렇다면 은퇴 후 30년이 아니라 은퇴 후 40, 50년을 어떻게 살 것인지 생각해야 한다. 불안하지 않을 수 없는 구조다.

헤드헌터들은 50대 이상의 구직자를 찾는 곳은 없다고 한다. "50대 이후는 기업에서 찾지 않는다고 보시면 돼요. 사실 50 넘은 분들이 저희 쪽에 이력서를 많이 내시는데요, 너무 죄송하지만 해드릴 자리가 없어요." 하지만 50대 이후의 베이비붐 세대는 '신중년'이라고 불린다. 신체적으로는 젊다고 느끼지만 갈 곳이 없다. "건강하고 젊은데 다시 재취업을 한다는 게 쉽지 않은 현실이더라고요. 그런 게 가장 무섭고 힘든 일인 것 같아요."

구글이나 페이스북 같은 세계적인 플랫폼 기업의 직원 평균연령은 대부분 20대다. 삼성전자 베트남 하노이 공장 직원의 평균연령은 스물한 살이다. 그런데 8만 명 넘게 일하는 공장에서 사람 찾기가 쉽지 않다. 자동화된 공장에서 모든 공정은 로봇과 기계가 담당하고, 사람은 빨간 불이 들어온 기계의 유지 보수만 담당한다. 반면 삼성전자 구미 공장 직원의 평균연령은 마흔 살이 훨씬 넘는데, 베트남 공장의 생산성이 구미 공장의 90퍼센트를 넘는다고 한다. 합리적인 기업가라면 당연히 베트남 공장과 같은 곳에 투자할 것이다. 한국의 처지에서 보면 어떻게 고용을 창출할 것인지가 큰 과제다.

현재 베트남은 전체 인구가 매우 젊어 '인구 보너스'를 누리고 있다. 베이비붐 세대가 일할 때는 우리나라도 인구 보너스가 최고였는데, 현재 베트남이 그 상태인 것이다. 반면에 우리나라 인구는 점점 고령화되면서 경제에 많은 부담을 주고 있다. 중년층은 고액 연봉에 비해 생산성이 떨어진다. 그래서 전통적인 제조업 고용만으로는 경쟁하기 어려운 구조로 가고 있다.

할머니는 가족 아니고 애완견이 가족

가족의 개념도 바뀌었다. 전통적으로 생각했던 가족은 점점 해체되고 있다. 가족에 관한 설문조사 결과를 보면 주관적인 가족의 범위는 배우자, 자녀, 부모 등으로 축소되고 있으며 젊은 세대일수록 조부모를 가족으로 생각하지 않는 경향이 강하다. 아이들은 "함께 동거하지 않는 할머니는 가족이 아니고 애완견은 가족"이라는 대답을 하기도 했다.

이혼율은 외환위기 직후 급증해 2003년을 기점으로 정점을 이루었다가 조금씩 떨어지고 있다. 경제적인 충격 때문에 이혼이 잦아든 것이다. 젊은 세대의 이혼율은 줄어든 반면 50대 이상의 이혼은 계속 늘어나는 추세다. 황혼이혼이 점점 늘어나다 보니 여성 가구주도 지속해서 증가했다. 과거에는 여성 가구주가 늘어난 주원인이 사별이었지만, 최근에는 이혼이 더 큰 원인으로 작용한다.

1인 가구 또한 급속히 늘어나고 있다. 2000년에 222만 명이었던 1인 가구는 2015년에 520만 명으로 증가했다. 이는 전체 가구의 27퍼센트를 차지하는 비중이다. 인구학자들은 2035년이 되면 1인 가구가 760만 가구로 3가구 중 한 가구를 차지하게 될 것이라고 예견하고 있다. 지금 우리에게 익숙해 있는 4인 가족 기준의 주거, 생활양식, 소비 등은 모두 바뀌게 될 것이다. 4인 가족 기준의 복지도 없어지게 된다. 사실상 우리 사회는 바닥으로부터 땅이 꺼지는 것 같은 경험을 하고 있는 것이다.

부모의 이혼, 재혼, 사망, 가출 및 실종 등의 이유로 인한 조손 가구 역시 지속적인 증가세에 있다. 지금 보육원에 가

보면 부모가 있는 아이들이 태반이다. 부모가 있음에도 보호하지 못해 보육원에 보낸 것이다. 부모가 양육하지 못해 조부모가 키우는 경우도 늘고 있다.

하지만 노인들도 매우 냉정해졌다. 점점 현실을 깨닫기 시작한 것이다. 부모 부양에 대한 의식조사에 따르면, 자녀가 부양해야 한다는 응답이 외환위기 직후에는 90퍼센트를 넘었지만 2010년엔 30퍼센트대로 떨어졌고, 그 이후에도 계속 감소추세다. 반면에 가족과 정부, 사회가 해결해야 한다는 비중은 점점 늘어나고 있다. 부모의 부양은 '자녀의 책임'에서 '사회'와 '노인 자신의 문제'로 변화한 것이다.

부모 자녀 간 정서 유지의 핵심은 '경제력'

노인 중에도 자녀와 같이 살고 싶지 않다고 응답하는 비중이 점점 늘어나고 있다. 부모·자녀 간에도 경제적 이슈가 중요해졌는데, 세대 간에는 그 태도에서 큰 차이를 보인다. 부모 세대를 지원하는 것이 부담스럽지만 피치 못할 일이라 여기는 베이비붐 세대는, 될 수 있으면 노후에 자녀에게 경제적으로 의존하려 하지 않는다. 반면에 에코 세대는 사회생활을 시작하고 집을 장만하면서 부모에게 경제적인 지원은 받되 부모를 부양할 의향은 없는 것으로 나타났다. 결국 부모와 자식 간 관계에서도 경제력이 중요해졌다. 에코 세대 안정집단에서도 이렇게 말했다. "경제적인 것이 가족관계에서 중요해요… 도와주면 잘할 거고 안 도와주면 못할 것 같아요." 부모와 자녀의 정서적 관계 유지의 핵심이 경제력이 된 것이다.

세대 간에 부모 자식 관계를 보는 틀이 바뀌고 있다. 사실상 효*는 복지 관점에서 보면 일종의 세대 간 신사협정이라고 할 수 있다. 부모가 희생해서 나를 키워 지금 이 자리에까지 있게 했으니 나는 노동능력을 상실한 부모를 정성껏 부양할 의무가 있다. 그리고 부모로부터 받은 것을 대를 이어 자식에게 물려주는데, 자식은 나의 분신이기 때문이다. 그 자식이 또 자신의 분신인 자식을 키우면서 가문이 이어 나가는 것이다. 그래서 효는 윤리적인 규범이기도 하지만 세대를 맞물려 부양과 피부양을 주고받는 경제적 교환 규범이라는 의미도 갖는다.

그러나 한국은 이제 효를 중시하는 나라가 아니다. 세계 여러 나라의 국민을 대상으로 하는 국제사회조사프로그램international social survey program에는 '얼마나 자주 부모를 방문

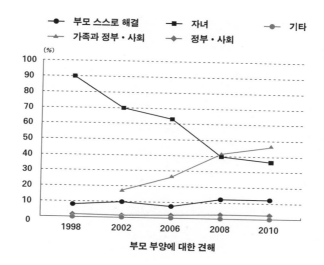

부모 부양에 대한 견해

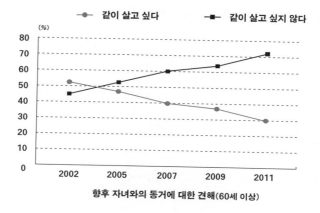

향후 자녀와의 동거에 대한 견해(60세 이상)

부모 부양 및 향후 자녀와의 동거에 대한 견해[13]

하는지'를 묻는 질문이 있다. 이 질문에 대해 대부분의 나라에서는 자식들이 부모를 찾아가는 이유가 통계적으로 설명되지 않았다. 그저 당연히 부모니까 찾아가는 것이다. 반면 한국은 부모의 자산에 따라 자식들이 찾아가는 빈도가 확실하게 달랐다. 부모의 자산이 많으면 자식들이 자주 찾아가고 없으면 찾아가지 않았다. 한국이 유교문화가 발달한 나라라고 하지만 지금은 절대 그렇지 않은 것이다. 부모 자식 관계 또한 경제력에 의해 유지되는 사회가 돼버렸다.

베이비붐 세대는 '긴 세대'로서의 정체성을 지닌, 조금은 각별한 세대라 할 수 있다. 자녀에 대한 경제적 지원에 부담을 느끼면서도 이를 당연한 의무라고 생각하지만, 노후에 자녀로부터 도움을 기대하기는 어렵다. 다음과 같은 말에서 그러한 감정을 느낄 수 있다. "자식이 막상 결혼을 앞두고 있는데 조금만 더 보태면 더 좋은 집을 살 수 있는 상황에서 부모가 돈이 있다면 내주게 되겠죠. 그걸 모른 척할 수는 없을 것 같아요.""내가 너희들에게 전화할 때 '우리 엄마 아빠 전화 오는 거 또 돈 달라고 하는 거야'라고 말하지 않게 하는 게 내 목표라고 아이들에게 말해요." 실로 부모 부양과 자녀 뒷바라지에 피곤한 세대가 베이비붐 세대다.

그리고 친가나 시가 중심의 가족관계도 변하고 있다. 현재 맞벌이 가정에서 육아를 담당하는 사람은 많은 경우가 친정 부모다. 용돈은 시댁으로 가지만 아이는 친정으로 가고 있다. 신新모계사회의 징후가 나타나고 있는 것인데, 결국 이를 추동하는 힘은 시부모보다 살뜰한 친정 부모의 역할이라 하겠다.

도와줄 사람이 아무도 없어요

친인척관계도 마찬가지다. 전통적 가족주의 가치관의 약화로 친인척 간의 정서적 관계를 유지하는 끈 역시 경제력이 되어버렸다. 경제적으로 여유가 없으면 친인척관계를 유지하기 어렵다.

우리는 예로부터 상부상조하고 서로 잘 돕는 민족이라고 했다. 그러나 지금은 고립된 개인들이 늘어나고 있다. "내가 어려움에 부닥쳤을 때, 예를 들어 몸이 아프거나 급전이 필요하거나 아니면 고민이 있어 상담이 필요할 때 누군가 나를 도와줄 사람이 있는가?"라는 질문에 대해 "아무도 없다"라고 대답하는 사람의 비율이 매우 높게 나왔다. 사회적 고립 상태에 있는 사람의 비율이 원래 개인주의 문화가 강할 것으로 여겨지는 유럽에 비교해서도 훨씬 높았다. 한국은 사회적 고립의 정도가 헝가리 다음으로 가장 높았다. 헝가리는 사회주의가 붕괴하면서 극심한 혼란을 겪은 곳이기에 사회적 고립이 높다고 해도 우리나라의 사회적 고립이 높다는 것은 의외의 결과가 아닐 수 없다.

바야흐로 1인 가족화, 1인 가구화가 진행되고 사회적 관계의 단절이 심화되면서 도와줄 가족도, 친척도, 친구도 없는 사람들이 점점 늘어나고 있다. 여기에 전통적 지역 공동체 해체에 따른 유대감의 실종도 사회적 고립을 넘어 적대적 공존의 수준에 이르고 있다. 아파트 거주 비율이 증가하고 이웃 간 교류가 감소함에 따라 같은 아파트 단지에 살면서 고독사한 시신이 미라 상태로 발견될 때까지 알아차리지 못하는 일도 생겼다. 한마디로 "한솥밥 골목길에서 층간소음으로 칼부림하는 아파트 단지로" 바뀐 것이다.

현재 한국 인구의 절반 이상이 아파트에 살고 있고, 빌라나 연립까지 더하면 인구 대부분이 공동주택에 살고 있다. 이처럼 전 세계에서 가장 집단화되어 있는 주거 형식을 갖지만, 또한 가장 익명화되고 개인화된 공동체에 사는 이들이 바로 한국인이다.

지질하게 살고 싶지 않은 에코 세대

에코 세대 삶의 방식은 앞선 베이비붐 세대와는 확연한 차이를 보인다. 빠른 시대 변화, 정보화 그리고 온갖 종류의 SNS 발달을 통해 과거와는 전혀 다른 환경 속에 생활하는 에코 세대는 한마디로 끊임없이 자신을 노출하고 타인의 시선을 즐기는 쇼윈도 세대라고 할 수 있다. 주변 사람들과 실시간으로 서로의 근황을 체크하고 누가 어디에서 무엇을 먹고 소비하며 어느 곳을 여행하고 있는지 전달받는다. 사실상 모든 것이 퍼포먼스이고 이벤트가 된 삶이 아닐 수 없다.

그들은 인터뷰에서 이렇게 말한다. "인터넷이나 그런 게 너무 발달되어 있으니… 갖고 싶은 게 너무 많은 거예요. 좋은 것, 맛있는 것도 많고, 예쁜 것도 너무 많고, 남들은 어떻게 하고 다니는지 사진이 다 뜨고 모든 것을 다 알 수 있으니까." "점점 차가 비교되고, 누구는 얼마를 버니 이런 데서 은근히 자꾸 거슬리고, 피하게 되고, 결국 비슷한 친구만 만나게 되더라구요."

대중매체는 끊임없이 소비하도록 강요하며 소셜미디어는 잘나가는 친구들과 나를 비교하게 만들지만, 편집 효과에 숨겨진 선택 편의selection bias를 인식하기는 쉽지 않다. 즉 비교 대상 표본이 일반을 대표하는 것이 아니고 특별하게 선택되고 연출된 이벤트임에도 모두가 그렇게 사는 듯한 착각을 하게 되는 것이다.

사실상 소비하지 않고는 살 수 없는 환경에서 나고 자란 에코 세대는 '지질하게 사는 것'을 인생의 실패로 여기기까지 한다. 그래서 요즘 웬만한 결혼식은 억대의 비용을 쓰는 이벤트가 되어버렸다. 그리고 이들은 이전 세대와 달리 자기 집 소유의 필요성을 인식하지 못하며 오히려 해외여행을 투자로 인식한다. 천정부지로 치솟은 수도권 집값이 현실감을 빼앗아갔기 때문이다.

10여 년 전, 학내 연구소의 소장을 맡아 수차례의 전국순회 학술회의를 진행할 일이 있었다. 그때 일을 도와줄 조교를 뽑는 공고를 냈더니 매우 똑똑해 보이는 학생이 지원했기에 같이 일하기로 했다. 그런데 그 학생이 일도 시작하기 전에 미리 월급을 가불해달라는 것이 아닌가. 이유를 물었더니 홍콩 여행을 가야겠다고 했다. 당시에는 일을 시작하기도 전에 월급을 요구하는 것이 이해가 되지 않아 그런 자세로 세상을 살면 안 된다고 야단쳤다. 하지만 몇 달 후 스스로 반성했다. 일을 너무도 잘하는 성실한 학생이었던 것이다. 그럴 줄 알았으면 미리 가불해주고 생색을 좀 낼 걸 후회했던 기억이 있다.

에코 세대는 그렇게 다르다. 자신이 지금 소비할 수 있는 한도 내에서 진정으로 하고 싶은 일에 투자하는 것, 이것을 매우 중요한 선택이라고 생각한다. 그렇지만 또 다른 한편으로 에코 세대는 지극히 현실적이다. 낭만적이고 이상주의적이었던 베이비붐 세대의 청년기와는 다른 특성이다. 예를 들면 민족 개념이 그렇다. 에코 세대는 통일에 대해 별 관심이 없고 냉소적이다. 북한을 같은 민족으로 보는 대신 다른 나라로 이해한다. 이들은 베이비붐 세대보다 현실 인식이 명확한 편이기 때문에 자신의 현실에 대해 냉정히 진단하고, 불가능한 일은 빨리 체념한다. 그래서 자신의 서열과 사회적 위치에 대한 수용성이 높은 편이다. 그렇지만, 상대적 박탈감을 더 많이 경험한다.

지질하게 살고 싶지 않은 에코 세대에게 결혼은 어려운 일이다. 그래서 희망 없는 배우자를 만나기보다 혼자 살기를 택한다. 에코 세대에게 결혼은 필수가 아닌 선택이고, 그 선택의 기반에는 경제력에 대한 고려가 있다. 배우자의 조건으로 남성이 보는 것은 첫째가 외모, 둘째가 경제력이며, 여성이 보는 것은 첫째가 경제력, 둘째가 외모라고 한다.

에코 세대 안정집단에 속한 한 청년은 이렇게 말했다. "저는 지금 혼자 사는 것도 나쁘지 않다고 생각해서… 나이가 많기는 하지만 결혼을 꼭 해야겠다는 생각은 없습니다." 그리고 에코 세대 한계집단에 속한 청년은 이렇게 말했다. "앞으로 돈을 많이 벌지 못하면… 결혼하기 힘들겠다고 생각해요."

안정집단에 속하는 이른바 골드미스에게 결혼은 더욱 힘든 일이다. 뛰어난 여성일수록 그에 걸맞은 상대를 찾기 어렵기 때문이다. 결혼 연령도 높아졌다. 그래서 요즈음은 40대의 신랑·신부도 심심찮게 볼 수 있다.

에코 세대는 결혼 시 부모의 도움을 받는 것을 당연시하지만 부모의 간섭은 절대 사양한다. 그렇다면 부모들은 자신의 역할에 대해 이제 한바탕 사회운동이라도 해야 하는 게 아닐까? 고령화 시대 부모들은 대학졸업과 함께 자식들이 독립하도록 의존관계를 끊고 본인 노후대비를 위한 현실적인 계획을 세우도록 사회 분위기를 바꿔나가는 사회운동 말이다.

'실패해도 괜찮아'라고 말할 수 있는 부모가 중산층?

지금 우리 사회의 불안은 지위 경쟁과 연결지어 생각할 필요가 있다. 다른 나라와 비교해보면 우리나라에서 행복감이 떨어지는 사람은 가난한 사람들이기보다 치열한 경쟁에 노출된 사람들이다. 김희삼 교수의 논문 「비교성향의 명암과 시사점」에 따르면 전국의 학부모 중 강남 학부모들의 행복감이 제일 낮다.[14] 경쟁이 그만큼 치열하기 때문이다. 한국은 세계적으로도 치열한 경쟁 때문에 스트레스가 높은 나라로 평가된다. 국민 대다수가 경쟁 스트레스를 느낀다고 응답할 정도다. 자살률의 급증도 경쟁 심화와 연관된다.

중산층에서 태어난 에코 세대는 흔한 말로 '6개의 주머니 효과'를 경험하며 자란 세대다. 태어나면서부터 부모와 친가, 외가 쪽 조부모까지 합해 최소한 6개의 지원 세력이 생긴다는 말이다. 거기에 삼촌이나 이모까지 붙으면 주머니는 더 많아진다. 그러다 보니 창업, 결혼 등에서 부모로부터의 경제적 지원을 당연시한다. 진정한 중산층 부모라면 자식의 앤젤 캐피털리스트angel capitalist 역할을 해야 한다는 말이 떠돈다. 부모의 지원을 받는 이들에게만 실패가 허용되며, 부모의 재력과 능력은 자식이 다양한 시도를 할 수 있게 하는 원천이 된다.

인생에서 실패할 기회를 얻는 것은 매우 소중한 일이다. 대부분은 실패에 대한 두려움이 커서 자식이 창업한다고 해도 결사반대하기 쉬운데, '실패해도 괜찮으니 무엇이든 해 보라'고 등 두드리며 지원할 수 있는 부모만이 중산층인 것이다. 하지만 현실적으로 그렇게 할 수 있는 부모가 얼마나 될까? 이런 기준으로 보면 현재 우리 사회에서 진정한 중산층이 된다는 것은 매우 어려운 일이라 하겠다.

'아픈' 대한민국을
어떻게 치유할 수 있을까

경제적 심리적 자산, 스톡과 플로

앞선 집단토론에서 많은 사람이 공통으로 이야기하는 게 '아프다'라는 것이었다. 몸도 마음도 아프고, 스트레스가 많으며, 화병이 있다고 했다. 왜 그럴까? 풍요로운 사회에서 모두가 아픈 우리의 역설적 현상을 어떻게 해석할 수 있을지, 그에 관한 몇 가지 모델을 살펴보자.

먼저 스톡stock과 플로flow 모델이 있다. 이는 경제학에서 고정자산과 유동자산을 가리키는 개념으로, 각각 저량貯量과 유량流量으로도 부른다. 저수지에 고여 있는 물이 스톡이고 흘러나오면 플로다. 마찬가지로 우리가 세상을 살아가는 데 필요한 자원에도 스톡과 플로가 있다. 경제적으로 현재 내가 가지고 있는 자산은 스톡이다. 예를 들어 집이 한 채 있거나 은행에 예금 잔고가 두둑하게 있다면 그것이 스톡이다. 그리고 거기에서 이자가 나온다거나 일을 해서 매달 월급을 받는다면 그것은 플로에 해당한다. 충분한 스톡과 플로가 있다면 생활이 유지된다.

스톡에 해당하는 또 다른 것으로는 인적자본human capital이 있다. 내가 나에게 투자해 쌓아놓은 것이다. 교육을 받았거나 자격증을 획득했거나 기술을 가지고 있으면 그게 하나의 스톡이 돼서 필요할 때 소득을 얻을 수 있다. 그러면 플로가 만들어지는 것이다. 또 요즘은 사회자본social capital이라는 말을 많이 사용하는데 사회자본보다 '인맥자본'이라는 말이 더 맞는 표현이라 본다. 많은 사람과 좋은 관계를 유지하고 있다면 그게 하나의 스톡이라는 것이다. 필요할 때 그들에게 도움을 청할 수 있기 때문이다. 그밖에도 내가 가지고 있는 좋은 습관, 특별한 통찰력 등이 플로를 만들어낼 수 있다.

심리적으로도 스톡과 플로는 사람마다 조금씩 다른데 성, 연령, 인격, 사교성 등에 따라서 조금씩 다르다. 각자가 나름의 스톡으로 플로를 만들어낼 수 있다면 긍정적으로 문제를 풀 수 있기에 개인적으로 만족감이 늘어나고 행복해진

다는 것이 헤데이Headey와 웨어링Wearing의 설명이다.[15]

다음은 커민스Cummins가 제안한 항상성 모델이다.[16] 이 모델은 사람들마다 감당할 수 있는 스트레스의 수준이 다르다는 가정에서 시작한다. 사람마다 일종의 항상성을 확실히 유지할 수 있는 설정값을 갖는데, 그 값이 어떤 사람들은 크고, 또 어떤 사람들은 작다. 설정값이 높다는 것은 내성이 강하거나 마음 근육이 강한 것을 의미한다. 어려움이나 고난이 있을 때 그것을 헤쳐나가고자 하는 강한 의지가 설정값에 해당한다. 이전 세대들, 특히 전쟁을 경험한 세대는 설정값이 상당히 높은 편이다. 그래서 웬만한 도전이 있어도 방어력을 발휘해 항상성을 유지한다. 반면에 풍요로운 시대에 태어난 젊은 세대는 설정값이 낮아서 위기에 쉽게 무너진다. 심리적으로 볼 때 항상성을 유지할 수 있으려면 자신의 스톡과 플로를 늘려나가 설정값을 높여야 한다.

칙센트미하이의 플로

헝가리의 사회학자 칙센트미하이Mihaly Csikszentmihalyi는 도전과 대응능력이라는 두 축을 교차한 플로 모델로 우리 삶의 불안과 정체를 설명했다.[17] 다음 도표를 보면 Y축은 도전이고 X축은 대응능력이다.

도전이 내가 받아들일 수 있는 일정한 범위를 넘어서게 되면 그때부터 나는 두려움을 느끼고 스트레스를 받으며 불안해진다. 할 수 없는 일을 해야 하는 상황을 견딜 수 없는 것이다. 분명 좋은 상태가 아니다. 반면에 내가 풀어나갈 수 있는 능력과 기술이 충분히 있는데 도전이 없다면 따분하고 재미없다. 이 또한 문제적 상황이다. 그러니까 내 능력에 걸맞은 도전이 있고 그 도전을 극복할 만한 능력이 있을 때 긴장감 있는 대응을 통해 나의 능력은 점점 강화되고, 플로가 늘어나는 것이다.

이 모델의 관점에서 보면, 그것이 사회가 되었든 개인이 되었든 행복한 상황이란 어떤 것이겠는가? 100억짜리 건물을 소유해 젊어서부터 불로소득으로 평생을 흥청망청 사는 사람이 행복할까? 벼락부자가 된 졸부들이나 복권에 당첨돼 떼돈을 번 사람들은 대개 비극적 종말을 맞는 경우가 많다. 재산을 탕진하고 자살하거나 범죄자가 되기 쉽다. 반면 너무 압도적인 도전에 직면해도 우리 삶은 불안하고 견디기 힘든 스트레스를 받게 될 것이다.

결국 아주 팽팽한 긴장감 속에 자신의 능력을 발휘하며

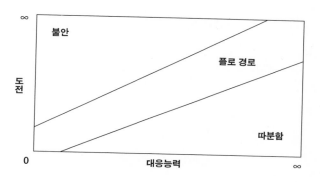

칙센트미하이의 플로 모델

성취감을 느끼는 인생이 행복한 인생이라 할 수 있다. 남들에게는 심한 공포를 주는 상황일지라도 끊임없이 자신의 플로를 늘려나간 이들에게는 그것이 새로운 도약의 기회가 될 수 있다. 대개 성공한 창업자들이 이런 신화적인 스토리들을 갖고 있다.

안토노프스키의 건강기원론

또 하나의 모델은 안토노프스키^{Aaron Antonovsky}라는 학자의 건강기원론^{salutogenic model}이다.[18] 여기서 말하는 건강은 질병의 반대가 아니라 삶의 연속성 위에 있는 것이다. 즉 죽음이 한

극단에 있고, 그 반대쪽 극단에 가장 건강한 상태가 있다. 대다수 사람들의 삶은 양 극단 사이에서 표류한다. 안토노프스키는 건강의 다양한 상태를 설명하기 위해 우리 삶을 흐르는 강물에 빠진 것에 비유한다.

물속에 빠진 사람이 그냥 물살에 쓸려 내려가면 폭포에서 떨어지게 된다. 그래서 저항자원이 필요한데, 저항자원이란 물을 거슬러 헤엄쳐 나올 수 있는 근력, 수영할 수 있는 기술, 정보력, 통합력 등이다. 통합력이란 내가 지금 어디에 있는지, 어디로 가야 하는지 정확히 이해하는 것을 의미한다. 통합력이 있어야 방향감각을 가지고 어디로 갈지 나아갈 수 있다. 건강이 바로 이와 같다.

행복한 사람이 되는 것도 마찬가지다. 현재 자신이 빠져 있는 강물의 수량이나 깊이는 각자 달라서 누군가는 얕은 개울물에 빠질 수도 있지만, 누군가는 아무리 발버둥을 쳐도 헤어나올 수 없는 깊이와 빠른 유속의 강물에 빠질 수도 있다. 그리고 나에게 이런 고통을 주는 사람은 가족이 될 수도 있고, 직장 상사가 될 수도 있으며, 혹은 이 사회일 수도 있다. 그런데 그 속에서 지쳐 방향감각을 잃고 포기하면 이내 폭포 아래로 굴러떨어지고 만다. 자살자나 우울증 환자,

부랑자, 노숙자가 그렇게 생겨난다.

이때 나를 구하는 것은 내가 어느 위치에 있는지 정확히 파악하는 능력과 헤어나올 수 있는 능력이다. 이것이 저항 자원과 통합력에 해당한다. 강물에서 빠져나오기 위한 저항 자원을 키우려면 평소에 근력을 키우고 수영 실력을 갖추어 야 한다. 삶에서의 저항자원은 스톡에 대한 투자에 해당한 다. 경제적 자원을 축적하고, 관계를 풍부하게 하며, 강한 인 내심을 갖추어야 한다. 그런데 문제는 이런 것들은 단지 개 인만의 문제가 아니라 이 사회를 구성하는 여러 측면과도 연결된다.

행복의 키워드, 사회적 웰빙

키스Corey Keyes라는 학자는 긍정적 사회기능을 지칭하는 데 '사회적 웰빙'이라는 개념을 사용했다.[19] 이는 내 개인적 웰 빙 속에 들어와 있는 사회적 요소들을 말한다. 사회적 웰빙 을 보다 구체적으로 이해하려면 다음 페이지의 도표에서 보 듯이 네 영역, 즉 관계적 웰빙, 신체적 웰빙, 집합의식, 심리 적 웰빙의 영역으로 나누어보는 것이 유익하다.

먼저 신체적 웰빙을 보자. 객관적이고 개인적인 것 중 하

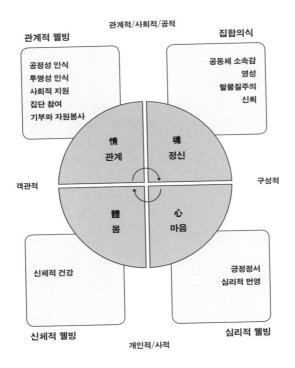

관계적/사회적/공적

관계적 웰빙

공정성 인식
투명성 인식
사회적 지원
집단 참여
기부와 자원봉사

집합의식

공동체 소속감
영성
탈물질주의
신뢰

객관적

情
관계

魂
정신

구성적

體
몸

心
마음

신체적 건강

긍정정서
심리적 번영

신체적 웰빙

심리적 웰빙

개인적/사적

사회적 웰빙의 네 영역과 개념 구성

나가 몸이다. 신체는 신진대사를 측정해 혈압과 혈당 수치
등을 파악할 수 있고, 문제가 있으면 약을 투여해 조절할 수
있다. 신체는 사회적으로도 관리의 대상이며 신체적 건강이

충족되어야 기본적인 행복감을 가질 수 있다.

두 번째는 심리적 웰빙의 영역, 즉 마음이다. 사리 판단력을 가지고 평온함을 유지해야 함은 너무도 당연한 일이다. 불필요하게 남을 의심하거나 너무 좌절하거나 매사를 부정적으로 보는 것은 모두 행복감에 심각한 영향을 준다. 그래서 불교나 성리학에서는 마음을 다스리는 일을 매우 중요하게 여겼다. 마음의 영역은 내가 노력하기에 따라 달라질 수 있는 온전한 나의 영역이다.

관계적 웰빙의 영역은 '정情'이라고 표기했는데, 관계를 생각하는 마음에 대한 한국식 표현이 정이 아닐까 한다. 정겨운 관계는 남들과의 좋은 관계를 의미한다. 너무 당연한 말이긴 하지만 주위 사람들과 내가 좋은 관계를 유지할 수 있고, 내가 필요할 때 도움을 얻을 수 있는 상대를 갖는 것은 행복을 유지하는 데 매우 중요하다.

40세에 하버드대학의 총장이 돼서 18년간 총장직을 수행한 후 퇴직했는데 후임 총장이 말썽을 부려 다시 돌아와 결국 20년간 총장을 맡았던 인물이 있다. 평생 직업이 총장이었던 데릭 복Derek Bok 박사는 퇴임 후 행복에 관한 연구에 몰입해 『행복의 정치학The Politics of Happiness』이라는 책을 썼다.[20] 그런데 그 내용은 모두 우리가 잘 아는 것들이다. 건강을 위해 운동 열심히 하고, 정기적으로 건강검진을 하며, 마음을 잘 다스리고, 과욕을 부리지 말라는 것 등이다. 그리고 사람들과 좋은 관계를 유지하라고 당부했다.

그는 영적 건강spiritual health에 관해서도 이야기했다. 영적이라는 말에서 종교를 떠올릴 수도 있겠지만 그가 말한 '영적' 개념은 좀 더 포괄적인 것이다. 죽은 이후에 아는 사람들이 자기를 어떻게 기억할지에 대해 관심이 있다면 그 사람은 영적인 사람이라고 했다. 이것은 제도화된 종교를 넘어서는 정의라고 하겠는데, 뒤르켐이 '집합의식'이라 정의한 것과도 통하는 부분이 있다. 사회구성원으로서 사회적 이슈에 대해 내가 어느 정도의 관심을 가지고 어떻게 행동할 것인지, 내가 어떤 기억으로 이 공동체에 남을 것인지에 대한 관심이라고도 정의할 수 있다.

데릭 복의 영적인 관심은 궁극적으로 사회가 얼마나 응집성이 있는지, 개인들 간에 서로 얼마나 협력하는지, 그리고 개인의 비전을 실현하는 데 그 사회가 얼마나 도움이 되는지 등을 따지는 개념이다. 반대의 경우를 생각해보자. 만약 그 사회의 거시적 수준에서 가치들이 서로 충돌하거나 사회에서 제공하는 비전은 너무도 매력적인데 그 비전에 도달할 수 있는 현실적 수단이 내게 없거나 내가 상대해야 하는 기준이 너무 높으면 여러 가지 문제들이 발생한다. 로버트 머튼Robert Merton은 이러한 괴리를 풀기 위해 혁신적으로 노력하는 이가 범죄자라고 설명했다. 즉 사회적으로 선망하는 목표를 비합법적인 방식으로 성취하고자 하는 행동이 범죄라는 것이다.

한국은 사회적으로 지속가능한가?

결국 사회적 웰빙은 사회적 연대 속에서 건강한 몸과 긍정적인 정서를 가지고 서로 좋은 관계를 유지하며 사는 삶을 뜻한다. 이것이 충족되지 못하면 아픈 것이다. 사회적 웰빙이 작동하지 못하는 건강하지 않은 사회에서는 개인의 몸도 아프고 마음도 아프다. 이 세상이 불공정하고 부패해서 믿을 데가 없고 스스로 고립되어 있다고 생각하는 개인이 많다면, 그 사회도 문제가 있지만 나도 아픈 것이다. 내가 어디에 소속되어 있는지 어디로 가야 하는지 모르겠고, 세상이 어떻게 되든 상관없이 자신의 괴로움만을 호소하고 불평한다면, 그 개인의 삶 역시 사회적으로 병든 상태라 할 수 있다. 그래서 사회와 개인은 아프다는 점에서 공유하는 부분이 많다.

그러면 개인도 아프고 사회도 아픈 지금과 같은 상황에서 한국은 과연 좋은 사회로 나아갈 수 있는 걸까? 바꾸어 말하면 한국은 사회적으로 지속가능한 것일까? 이와 관련해서 가장 크고 근본적인 걸림돌은 재생산의 위기다. 인구가 지속해서 줄어들고 있기 때문이다. 혼인율과 출산율은 점점 줄어들어 1970년대 100만 명이던 신생아 수는 지금 30~40만 명대로 떨어졌다. 젊은 층은 결혼을 꺼리고 출산을 연기하거나 포기하고 있다. 몸과 마음이 아픈 상태에서 결혼과 출산은 부담이고 위험이기 때문에 일종의 파업을 하는 것이다.

이에 따라 초등학교부터 폐교하는 곳이 늘어나고 있다. 이 추세라면 대학 신입생 수도 점점 줄어들어 벚꽃 전선이 북상하는 순서대로 남쪽부터 문을 닫는 대학들이 늘어날 것이라는 예측이 나오고 있다. 그렇게 되면 어떤 문제가 생겨날까?

혹자는 인구와 경제는 무관하다고 주장하지만, 생산가능인구가 급격히 줄어들면 노동력 부족으로 사회적 비용이 증가하며 경제성장이 둔화할 것이다. 15세에서 64세 사이의 사람을 생산가능인구라고 하는데 이들의 수가 줄어들면 그보다 어린 인구나 나이 많은 노인들을 부양해야 하는 부양비가 급증한다. 그러다 보면 사회적 활력이 떨어지고 실질성장률 역시 동반 하락하게 될 것이다. 한국의 잠재성장률 추이를 보면 경쟁상대인 일본이나 유럽, 미국보다 훨씬 가파르게 떨어지고 있는 것을 알 수 있다.

재생산의 위기를 돌파하기 위해서는 사회적으로 저출산 문제를 어떻게든 빨리 해결해야 한다. 출산장려금 정도의 근시안적 정책이 아니라 결혼과 출산이 아픔으로 느껴지지 않도록 근본적으로 시스템을 새롭게 구축해야 한다.

일하고 싶지만, 눈높이에 맞는 일자리가 없어요

한국사회의 지속가능성을 방해하는 두 번째 위기는 동기부여의 위기다. 우리나라의 노동시간은 OECD 국가 중 단연 1위다. 제일 짧게 일하는 독일에 비하면 1년에 거의 1000시간 정도를 더 일한다. 독일 하면 제조업 강국으로 유명한데 이들은 그렇게 짧은 노동시간으로 어떻게 유럽의 맹주가 된 것일까? 어떻게 우리보다 더 잘사는 것일까?

문제는 생산성이다. 우리는 독일 사람들이 한 시간에 할

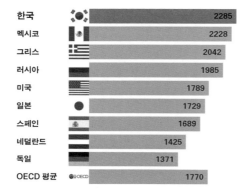

한국	2285
멕시코	2228
그리스	2042
러시아	1985
미국	1789
일본	1729
스페인	1689
네덜란드	1425
독일	1371
OECD 평균	1770

자료: OECD, 한국노동사회연구소

OECD 주요국 연간 노동시간[21]

일을 두 시간, 세 시간에 한다. 생산성이 OECD 국가의 절반
밖에 되지 않는다. 이것은 과거 시스템의 유산이다.

한국이 고도성장을 구가하던 때, 수출 위주의 산업정책
을 추구할 때는 원가절감에 공을 들였다. 정부가 나서 임금
가이드라인을 만들어 임금상승을 억제하고 물가를 잡으면
서 저물가 저임금이 함께 맞물려 돌아갔다. 당시에는 농촌
에서 도시로 유입되는 이농離農 인구가 끊임없이 늘어났다.
산업 노동력의 지속적 공급을 통해 임금을 계속해서 낮은

수준으로 유지할 수 있었다. 이것이 대한민국의 성장 동력이었다.

그런데 포화상태의 일을 소화하기 위해 노동자에게 정규시간 이외에도 야근과 주말 특근을 시키고 높은 수당을 지급하는 것이 관례가 되면서 문제가 생겼다. 기업의 처지에서는 기본급을 못 올리니까 수백 가지 수당을 만들어 실질적으로 임금을 보전해주고, 노동자 처지에서는 높은 시급의 연장근무를 늘리기 위해 노동강도를 낮추는 방식으로 대응함으로써 임금체계가 기형적으로 왜곡된 것이다.

예를 들어 모 자동차 공장의 경우 9시부터 6시까지 기본 근무시간에는 열심히 일하지 않는다. 일감이 남아야 밤늦게까지 일을 하고, 그래야 전체 임금이 많아지기 때문이다. 임금 보전을 위해 주말에도 야근하는 것을 당연시하다 보니 생산성은 떨어지고, 장시간 노동에 피로감은 누적된다.

그래서 보통 직장인들의 여가는 낮잠자는 것 아니면 누워서 TV 보는 것이 대부분이다. 그렇게라도 쉬지 않으면 다시 월요일에 출근해 일하기가 어려울 정도로 극심한 피로감에 휩싸여 있는 것이다.

또한 우리 사회 동기부여의 위기는 니트족Not in Education,

Employment or Training의 증가로 나타나고 있다. 니트족은 일하지 않고 일할 의욕조차 없는 청년 무직자를 뜻하는 신조어다. 교육을 받지도 일자리를 찾지도 훈련받지도 않는, 말하자면 캥거루족 같은 젊은이들이 점점 쌓이고 있다.

사실상 니트족 문제는 경제나 사회문제를 정치적으로 풀었던 과거 결정의 대가를 치르는 측면도 있다. 1980년대 초반에 졸업정원제를 도입해 대학정원을 거의 두 배로 늘렸고, 1990년대 초반에 대학설립준칙주의를 표방해 대학설립을 자유화했다. 대입 경쟁의 치열함을 대학 문을 활짝 여는 정치적 선택으로 해결한 셈이다. 그런데 그 대가로 일자리와의 연계는 사라졌다. 우리나라 일자리 중 대졸자에 걸맞은 일자리는 대개 500만 개 정도인데 현재 대졸자 수는 점점 늘어나서 1000만 명 가까이 된다. 대졸자의 나머지 절반은 말 그대로 잉여인 셈이다. 확실한 공급 과잉이다. 우리나라는 현재 전 세계에서 최고 수준의 대학진학률을 자랑하지만, 대졸자를 위한 일자리는 획기적으로 늘어나지 않았다. 이것이 많은 사회적 문제를 낳았다.

지식을 가르치는 것 이외에도 교육의 기능 중 중요한 것은 아이들의 특성에 맞는 진로를 찾아주는 것이다. 독일의 경우 초등학교 교사가 6년 동안 한 반을 맡아 담임을 하면서 아이의 진로를 결정해준다. 6년 동안 꼼꼼히 살핀 결과 그 아이에게 인문계가 맞는지 마이스터^{meister} 학교가 맞는지 판단해주는 것이다. 그래서 인문계를 간 아이들은 대학을 가고 마이스터 학교에 간 아이들은 고등학교를 졸업할 때쯤이 되면 상당한 기술을 배워 취직한다.

그런데 우리는 어떠한가? 모두가 대학진학을 당연시하다 보니, 모두 대학에 진학한다. 심지어는 실업계 고등학교 졸업생들까지 대학에 진학하는 것이 대세다. 문제는 정작 대학을 졸업한 후, 그리고 남학생은 군대를 다녀와 나이 서른이 다 되어 눈높이에 맞는 일자리가 없다는 것을 깨닫게 된다는 점이다. 그러다 보니 삶의 의욕은 끝없이 추락하고, 삶의 만족도는 형편없어지면서 자살이 늘고 외국 이민을 탈출구로 생각하게 된다. 반면 생산직에는 인력이 없어 동남아에서 온 산업연수생들이 그 자리를 채우고 있다. 사회적으로 매우 심각한 낭비가 아닐 수 없다. 이는 교육과 일자리를 연결하는 시스템의 문제를 고치지 않고는 해결될 수 없는 부분이다.

우리 사회는 같은 꿈을 꿀 수 있을까?

다음으로 들 수 있는 것은 신뢰의 위기다. 지금 한국사회는 한마디로 불신사회다. 오히려 과거 권위주의 체제에서는 정부나 여타 사회단체들에 대한 신뢰도가 꽤 높았다. 그런데 민주화 이후 제도에 대한 신뢰는 지속적으로 하락했다. 그래서 한국에서 가장 심한 적자는 바로 '신뢰의 적자'다. 신뢰가 부족하다 보니 서로 협력해야만 이룰 수 있는 일이 제대로 되지 않는다. 정치권은 각자의 정파적 이익을 넘어서는 일에는 합의하지 않는다. 국민은 정부가 하는 일에 매우 냉담하고, 한때는 중요한 중재자 기능을 했던 시민사회도 점점 신뢰를 잃어가고 있다.

자원봉사와 기부도 많이 줄어들고 있는데, 그 이유를 설문해본 결과 비영리단체를 '신뢰할 수 없어서'라는 대답이 많았다. 신뢰가 없다는 것은 타인과 사회에 대해 무관심하다는 뜻이기도 하다. 나도 먹고살기 힘든데 어떻게 남들에 대해 신경 쓰느냐는 것인데, 이런 태도는 결국 내가 어려울 때 나를 도와줄 사람이 없게 만든다.

대표적인 복지국가, 예컨대 스웨덴이나 노르웨이가 한국과 다른 점이 바로 신뢰다. 이 나라의 국민들은 낯선 사람에 대한 신뢰가 높다. 달리 표현하면 가족에 대한 신뢰와 낯선 사람에 대한 신뢰의 차이, 즉 신뢰격차가 다른 나라들에 비교해 현저히 적다. 그래서 그들은 월급의 절반가량을 세금으로 내고 그 세금이 내가 전혀 모르는 약자를 위해 쓰이는 것에 동의한다. 거꾸로 내가 그런 약자의 위치에 처하게 될 때 내가 모르는 누군가가 낸 세금이 나를 도와줄 것이라 기대하기 때문이다. 그러한 신뢰가 쌓여 있는 나라가 이른바 복지국가다.

반면 누구도 믿지 못하는 우리 사회는 남을 돕는 데도 인색하고 나의 어려움도 보상받지 못한다. 지금 우리 사회는 새로운 사회적 위험에 대비하지 못하는 '모래알 사회'가 되어가고 있다. 모래알처럼 끈기가 없으니 모아놓으면 흐트러지고, 다시 모아놓으면 흐트러지는 사회다. 모두가 불안해하지만 함께 문제를 해결할 수 있다고 생각하지 않으며 타인에 대한 배려, 공론화를 위한 마음의 준비도 되어 있지 않다. 신뢰하고 의지할 구석이 좀처럼 보이지 않는 사회다.

이와 같은 불신사회, 불만과 불안이 가득한 사회를 어떻게 치유할 것인가? 여러 가지 논란과 비판이 넘치지만, 나는 정치의 역할이 중요하다고 생각한다. 지금 우리에게는 각자의 이익을 위한 경쟁만 존재하는 사회를 벗어나 더불어 사는 삶에 대한 비전을 제시하고 국민의 마음을 모을 정치적 지도력이 절실하다.

모래알처럼 흩어져 있는 사람들이 같은 꿈을 꾸게 만들고 함께 손을 잡게 하는 것, 이것이 제대로 된 정치의 역할이라고 생각한다. 우리 정치가 그 역할을 잘할 수 있을지 의구심이 들지만, 그래도 희망의 끈은 놓지 말아야겠다. 어디가 어떻게 아픈 것인지 정확히 아는 것만으로도 치유의 절반은 이루어졌다고 할 수 있으니 말이다.

사회적으로 병든 한국사회에서 '나'라
는 개인이 할 수 있는 일은?

　　사회적으로 병들었더라도 개인은 건강을 유지할
수 있고, 건강한 개인들이 모여 사회를 건강하게
만들 수도 있다. 그렇게 하려면 첫째, 몸을 잘 다
스려 신체적 건강을 유지하고, 정신적으로 긴장
을 놓지 않아야 한다. 그런데 한국 사람은 건강을
위협하는 여러 증상들이 있음에도 불구하고 무시
하는 경향이 강하다. 과도한 음주와 흡연, 그리고
장기적인 스트레스 노출 등이 그것이다. 반면에
객관적 증상은 미약한데도 질병에 대한 우려가

지나쳐 문제가 되기도 한다. '적당히 건강하라'는 조언처럼 스트레스나 질병에 주눅 들기보다 이것과 동거한다는 생각을 하는 편이 오히려 삶을 더 풍요롭게 만들 수 있다.

둘째, 성공의 기준을 과감히 바꾸자. 이제 고도성장기에 볼 수 있었던 계층상승 이동이나 안정적인 종신고용의 시대는 지났다. 과거의 신화에 집착하면 안 된다. 저성장과 고실업이 일상화된 뉴노멀의 시대에 맞게 살려면, 과감히 욕망의 트레드밀에서 뛰어내리는 결단이 필요하다. 주위의 눈을 고려하기보다는 자신만의 성공 기준을 정하고, 자신의 내면이 만족스런 삶을 유지할 필요가 있다.

셋째, 관계를 풍요롭게 하고 사회적 고립에서 벗어나자. 주위 사람들과 좋은 관계를 유지하는 것이 궁극적으로 자신의 웰빙을 높이는 길이다. 뜻이 맞는 이들과 함께하는 문화 활동, 예술 관람, 사회봉사 활동 등 다양한 사회적 여가에 참여하면 단지 그것을 즐기는 데 그치지 않고 사회성을 높이고 웰빙도 키울 수 있다. 함께하는 삶 속에 행복도 있고 나누는 즐거움도 있다.

넷째, 삶의 의미에 대해 반추하자. 내가 죽은 후 나는 주위 사람들에게 어떤 모습으로 기억될까, 이런 관심이 영적 웰빙을 결정한다고 한다. 영적 관심은 자신이 몸담은 이 자리를 넘어 궁극적 질문에 대한 답을 찾으려는 노력이다. '지금이 자리'를 넘어선 곳에 대한 관심이 깊어질수록 이 자리에서의 삶은 더 소중해지고, 또한 지금 당장의 삶이 더 자유로워질 것이다.

2부

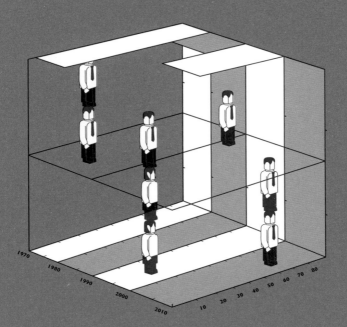

당신은

중산층
인가,
서민
인가

모두가 자신을 중산층이 아닌 서민이라 생각하는 시대다. 중산층의 붕괴는 결국 우리 사회에서 희망격차를 점점 벌어지게 해서, 이제 꿈마저도 가진 자들에게만 해당하는 것으로 인식되고 있다. 이렇듯 꿈이 양극화되는 것, 사회적 도전이 사라지는 것이야말로 진짜 심각한 우리 시대의 문제가 아닐 수 없다.

'하면 된다'의 신화,
한국형 성공의 기원

빈농의 아들에서 세계적인 기업가로

정주영 회장의 개인사는 한국적 계층이동을 보여주는 데 매우 유익하다. 강원도 통천군의 아산리에서 태어난 정 회장은 자신이 태어난 동네 이름을 자신의 호로 삼았다. 그래서 호가 아산峨山이다. 어릴 적에는 얼마나 가난했는지 먹을 게 없어 굶주리기 일쑤였고, 교육도 못 받아 시골 서당을 3년 정도 다니다 뒤늦게 보통학교에 가서 6년 배운 것이 학력의 전부다. 다시 말해 가방끈이 매우 짧다고 하겠다.

정 회장은 많은 곳에서 연설한 것으로 유명한데, 비서들이 써준 대로 읽지 않고 본인 이야기를 자기 목소리로 하는 경우가 많았다. 다행히 그 내용이 잘 기록되어 있어, 그가 살아온 삶의 궤적을 추적해볼 수 있다.

그의 회고록『이 땅에 태어나서』(1998)에 따르면 절대 빈곤 속에서 너무나 힘들었던 소년 정주영은 늘 탈출을 꿈꿨다.[22] 그래서 몇 차례 가출을 시도했지만 완고한 아버지에게 잡혀 오기를 반복하다 열여덟 살에 소 판 돈을 훔쳐 가출에 성공해 서울로 올라갔다. 그리고 덕수궁 앞 부기 학원에 등록해 공부했는데, 결국 장손을 찾아 나선 아버지에게 발각되었다. 고향에 돌아가자고 설득하는 아버지와 여기까지 왔는데 다시 갈 수는 없다고 버티는 아들은 끝내 서로 부둥켜안고 엉엉 울었다. 별수 없이 아버지는 고향으로 돌아갔다. 자신은 부기 학원을 마치면 근사한 직장을 잡을 줄 알았지만, 뜻대로 되지 않자 인천 부두로 가 배에서 짐을 내리는 일을 하게 되었다.

당시 정주영은 노동자 합숙소에서 지냈는데 합숙소는 빈대의 천국이었다. 빈대의 극성으로 밤새도록 빈대와의 전쟁을 치르다 급기야 빈대를 피해 밥상 위에 올라가 잠을 잤는데 그래도 빈대는 밥상 다리를 타고 올라와 기어코 물어뜯기를 반복했다. 이에 정주영은 밥상 다리 네 개를 물 담은 양재기에 하나씩 담가놓는 묘수를 썼다. 그러면 빈대가 양재기 물을 건널 수 없으니 더는 올라오지 못할 것이라고 생각했다. 하지만 예상과 달리 이틀쯤 지나자 빈대는 다시 사정없이 물어뜯기 시작했는데, 이유를 살펴보니 빈대가 벽을 타고 올라가 천장에서 자신의 몸을 향해 공중낙하를 하는 것이 아닌가. 빈대도 먹고살려고 저리도 머리를 쓰고 있다는 사실에 감탄한 정주영은 다시 심기일전해 노력했다.

이것이 정주영이라는 전설의 시작이다. 누구보다 성실하게 땅을 갈아서 농사짓지만 자식들을 다 먹여 살릴 수 없을 정도로 가난한 농부의 한이, 그 아들에게는 극복해야 하는 엄청난 트라우마로 자리잡았다. 결국 그 가난은 이를 벗어나기 위한 처절한 노력을 가능하게 한 동력이 된다.[23]

정 회장은 세계적인 기업인이 되었을지라도 내면은 뼛속까지 가난한 농부이자 노동자의 심성을 가진 인물이었다. 이러한 사실을 가장 잘 드러내는 것이 서산 간척지 사업이다. 그는 서산의 수십만 평 땅을 간척하고는 아버지에 대한 헌사를 썼다. 그는 자신의 자서전 서문에 "서산 농장은 그 옛날 손톱이 닳아 없어질 정도로 돌밭을 일궈 한 뼘 한 뼘 농토를 만들어가며 고생하셨던 내 아버님 인생에 꼭 바치고 싶었던 아들의 뒤늦은 선물"이라고 썼다. 그는 평생 가난한 농부였던 아버지 대신 만든 바다 같은 농장이 하늘에 있는 아버지를 흡족케 할 자식의 자랑스러운 성과라 생각했다.

상처투성이 역사에서 꽃피운 대한민국의 기적

빈농의 아들에서 세계적인 기업을 일군 기업가가 되기까지 정주영의 삶은 가난 콤플렉스를 바탕으로 한 것이다. 정주영 회장의 이야기는 사실상 우리 사회 곳곳에서 발견할 수 있는 전형적인 서사다. 그 시대의 많은 성공은 모두 비슷한 계기를 갖는다. 아버지가 겪었던 가난, 미래의 전망 없이 지겹게 회귀하는 생존의 위협, 손톱이 닳아 없어질 정도로 고되게 노동하면서도 자연과 역사의 힘 앞에 굴복하고 살아야 했던 삶의 비참함, 전근대 한국사회의 좌절, 그리고 그것을 넘고자 하는 생존의지가 결합해 수많은 성공신화가 태어난 것이다.

따지고 보면 한 개인, 한 가문만이 아니라 우리 민족의 역사가 그렇다. 대략 지난 200여 년을 돌이켜보면 약 70년씩 3단계로 나눌 수 있다. 정조의 사망 시기가 1800년인데 그때부터 70여 년은 세도정치가 횡행했다. 노론의 일당독재가 지속되다 보니 나라가 바닥에서부터 흔들리기 시작했다.

그 첫 번째 증상이 인구 증가보다 현저히 낮은 생산성으로 온 나라가 헐벗게 된 것이다. 그래서 울창한 삼림을 모두 베어 땔감으로 쓰면서 전국의 산이 민둥산으로 변했다. 70여 년을 그렇게 허비하고 나니 나라가 망했다. 1876년 개항 이후 70여 년은 극심한 혼란기를 거쳐 식민지로 전락한 어려운 시기였다. 1945년 광복 이후의 지난 70여 년이 그래도 놀랍게 회복하는 시기였다고 볼 수 있다.

동양사학자 민두기 교수는 이와 같은 극적인 역사적 과정에서 한·중·일 세 나라가 놓인 상황을 '시간과의 경쟁'이라고 표현했다. 세 나라 모두 밀려오는 서양 문명 앞에서 개화하고 발전하기 위해 노력해야 했는데, 우리가 문을 걸어 잠그고 갈라파고스 섬 같은 고립 속에 잠자는 동안 가장 빨리 눈을 뜨고 성장한 게 일본이었다. 개항으로 보면 불과 20여 년 차이인데, 우리는 우습게 생각했던 일본의 식민지가 되는 경험을 했고 이것이 민족적 자존심에 엄청난 상처를 입혔다.

하지만 광복 이후 그동안 분출되지 못하고 쌓여 있던 내부의 에너지들이 뒤늦게 폭발적으로 발휘되었다. 1960~70년대에는 흡사 고지 탈환을 위해 함께 힘을 모아 뛰는 식의 산업화 전략을 구사하면서 많은 성과를 거두었다.

사실 정주영 회장 개인의 콤플렉스나 한恨, 그가 가지고 있었던 여러 가지 특징들은 당시 한국사회가 지니고 있던 문제들과 매우 유사한 상동相同구조로 되어 있다. 정주영 회장이 빈농의 아들로 태어나 세계적인 기업가가 된 것처럼 한국은 지난 역사에서 상처 입은 트라우마, 콤플렉스가 역설적인 동력으로 작용해 한강의 기적을 일으킨 것이다.

'님'의 차별, 우리 사회의 인격윤리

1960년대 우리 사회의 산업 시스템이라는 것은 실상 아무것도 갖추어진 게 없는 엉성한 것이었다. 그런데도 고도성장을 이루어낸 것은 단순하지만 호환성 높은 제도적 시스템을 갖추었기 때문이다. 달리 말하면 제도적 정합성整合性이다. 생존을 위한 경쟁은 치열하고 지식수준은 낮았지만, 정서와 의지가 잘 통해 이들이 어울려 시너지 효과를 냈다.[24]

정주영 회장은 문화적 공감능력이 뛰어난 인물이라고 할 수 있다. 우리가 물려받은 문화적 코드, 문화적 생활 시스템 이랄까 문법체계를 매우 잘 체화한 인물이다. 그래서 많은 사람들을 동원하고 조직화하는 데서 공감대를 넓힐 수 있었다. 사회학자 장윤식의 표현을 빌리자면 그것이 곧 '인격윤리personal ethic'다.

한국의 인격윤리는 서양의 개인주의와 대조적이다. 퍼스널personal이라는 단어에는 부정적인 뉘앙스가 강하다. 공적이지 않고 사적이라는 것은 투명하지 않다는 의미가 된다. 반면에 인격으로 대한다고 하면 전인적全人的으로 대한다는 의미로 받아들여져, 도구적으로 대한다는 의미의 계약관계에 비해 매우 긍정적인 의미가 된다.

서양의 개인주의와 달리 한국의 인격주의가 가진 위계성은 경어체가 발달한 어법에서 나타난다. 우리는 나이가 많거나 지위가 높고 존경하는 대상을 '님'이라고 부른다. 아랫사람에게 윗사람은 존경의 대상이고, 윗사람에게 아랫사람은 보살핌과 자애의 대상이다.

반면 서양에서는 모든 관계가 평등한 교환관계다. 예를 들어 대학에서도 학생은 수업을 듣기 위해 수업료를 낸 고객이고 교수는 가르치는 사람일 뿐이다. 그래서 대학원생쯤 되면 교수를 이름으로 부른다. '하이, 찰스'라고 학생에게 인사를 건네면, 내게는 '하이, 재열'이라 대답한다. 서로 간에 위계가 없다.

사실 우리의 '님'은 서양으로 치면 멘토, 즉 스승의 느낌이다. 위아래 구분이 단순히 위계를 뜻하는 것이 아니라 모범이나 상담의 대상이 되는 인격적 관계다. 그래서 교수는 평생 졸업생들에게 애프터 서비스를 해야 한다. 졸업한 지 10년 넘은 학생이 찾아와 인생 상담을 요청하면 그에 응해 주어야 하고 15년 지난 학생이 찾아와 결혼식 주례를 부탁하면 서주어야 한다. 인격윤리 차원에서의 스승이기 때문이다. 이는 부자관계와도 비슷한데 그런 인격윤리로 얽힌 관계가 우리 사회 곳곳에 남아 있다.

주판알을 든 선비, 아산 정주영

청년 창업가 정주영의 가장 중요한 목표는 가족을 먹여 살리는 것이었다. 그래서 전형적인 가족기업을 만들었다. 일제강점기 돈암동에 처음으로 자동차 정비소를 만들었는데 직원들은 형제들과 처남 등 모두 가족이었다. 자그마한 집에 스무 명이 함께 모여 살면서 자신의 가족을 부양하는 게 비즈니스의 최대 목적이었다고 한다. 그러니까 실제로 가족과 비즈니스가 구별되지 않았던 것이다. 정주영의 머릿속에는 일찌감치 가족을 통해 재생산하고 그것을 자식에게 물려

줌으로써 가업이 이어지도록 하겠다는 구상이 있었다.

분재기分財記란 조선시대 양반가에서 가족이나 친척에게 나누어줄 재산을 기록한 문서를 뜻한다. 죽기 전에 자식들을 다 모아놓고 노비가 몇이고 땅이 얼마나 있는지 밝힌 다음 자녀별로 누구에게 무엇을 남길지를 기록한 것이다. 웬만한 양반가는 분재기를 가지고 세습했다. 자기 후대를 대비한 것이다.

그런데 현대가 역시 분재기와 똑같은 방법으로 계열을 분리했다. 정주영은 동생들이 장성한 후 기업을 하나씩 나누어 주었고 나이가 들어서는 자식들에게 하나씩 떼주어 복잡한 계열사들이 분리되었다. 현대자동차, 현대그룹, 현대건설, 현대중공업 등이 이런 식으로 분리된 것으로 조선시대의 재산 상속은 재벌 상속과 굉장히 비슷한 구조를 갖는다.

실로 정주영은 주판알을 든 선비라고 할 수 있다. 정주영은 사업을 하는 데 있어 서양식 기업가 정신이 아닌 우리나라 선비정신을 그대로 구현했다. 예를 들어 그는 남들이 만든 기업을 사는 것을 비윤리적이라고 생각해 기업성장의 동력이라고 하는 인수합병을 절대 하지 않았다. 그래서 현대의 계열사는 모두 자신이 만든 것을 쪼갠 것이지 남들이 만든 기업을 산 게 하나도 없다. 농사짓는 방식으로 기업을 운영했다는 것이 매우 흥미롭다.

그리고 정주영은 가부장적인 권위를 발휘한 경영자였다. 그가 어느 한 젊은 임원을 집무실에 불러 야단을 쳤는데 얼마나 심하게 야단을 쳤던지 "이제 나가봐"라는 소리에 임원이 캐비닛 문을 열고 들어가려고 했다고 한다. 얼마나 당황하고 정신이 없었으면 출입문도 못 찾은 것일까? 그러니까 정주영은 무서운 아버지 같은 경영자였다. 아마도 지금이었다면 인권위원회에 고발당하고 갑질을 했다고 온갖 언론에 보도될 행태를 자주 보였을 것이다. 그래서일까, 그를 가까이서 관찰한 서양 기자들은 그에게 폭군이라는 표현을 쓰기도 했다.

하지만 정작 본인은 마치 아버지가 자식들에게 하는 것처럼 자신의 권위가 조직을 잘 이끌어가기 위해서는 불가피하게 필요한 것이라고 생각했다. 비교문화심리학자들의 표현을 빌리자면 '권력 거리power distance'가 큰 사회의 전형적인 지도력이다.

한국에서 빛나는 제왕적 리더십

사회현상을 일목요연하게 설명하는 방법 중 하나는 유형론이다. 가장 간단한 것은 이분법이고 그다음은 이들을 교차한 4가지 유형론이다. 여기서는 세 차원의 이분법을 겹친 8가지 유형론을 제시하고자 한다.[25]

사회체계의 유형을 도식화한 다음 페이지의 그림을 보면 일견 복잡해 보이지만 원리는 간단하다. 우선 사회를 구분하기 위해 세 가지 차원을 나누었는데, 1) 사람의 속성을 어떻게 보는지, 즉 사회화된 인격주의적인 존재로 보는지 혹은 이익지향적이고 개인주의적인 존재로 보는지 2) 권력 거리가 큰지 작은지, 3) 사회의 규칙이 투명한지, 그렇지 않은지 등의 차원이다. 이 세 차원을 곱하면, 2^3 즉 8가지 사회유형으로 구분할 수 있다.

먼저 '시장'은 투명하고 평등한 이기적인 사람들 사이의 단기적인 계약이라 정의할 수 있다. 모든 것을 계산하고 따지는 이들 간의 쿨한 단기적 교환, 이것이 이상적인 시장의 모습이다. 막스 베버Max Weber가 생각한 관료제나 서구의 이상적인 기업 이미지는 매우 위계적이라는 점에서 시장과 차이가 나지만 계약에 기반해 있고 투명하다는 점에서는 동일하다.

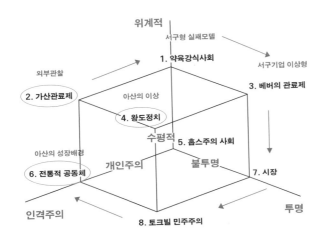

사회체계의 유형론

반면에 정주영이 생각한 기업 이미지는 '왕도정치' 모형에 가깝다. 즉 서로가 끈끈한 신뢰관계를 형성한 바탕 위에서 위계의 불평등을 받아들이되, 질서를 유지하는 투명한 규칙이 있는 모델이다. 왕도정치 모델의 결정적 요소는 스스로 도덕적 모범을 보이고 유능한 지도력을 발휘함으로써 존경받는 지도자의 존재다. 정주영의 지도력에 대한 자기인식도 이런 점에서는 맹자가 생각한 왕도정치와 매우 유사하다고 할 수 있다.

문제는 왕도정치의 리더십이 민주주의에서 전제하는 리더십과 체질적으로 다르다는 점이다. 선거 때가 되면 많은 입후보자가 세종로의 세종대왕상 앞에 와서 출마를 선언한다. 국민에게 자신도 세종대왕처럼 되겠다고 선언하는 것이다.

그런데 민주주의는 그 출발에서부터 왕도정치와는 거리가 멀다. 미국의 정치학자 쉐보르스키Adam Przeworski의 표현을 빌리자면 민주주의는 '불신을 제도화'한 것이다. 미국의 민주주의를 만든, 미국 헌법의 아버지로 불리는 제임스 메디슨James Madison이 고민했던 문제는 이랬다. 시민들이 합의해서 선출한 지도자가 고약한 전제군주처럼 행동하게 되면 어떻게 하나?

이러한 우려 때문에 신생 민주주의 국가 미국에서는 헌법을 만들면서 대통령의 권한을 제한했다. 종신 권력을 행사하지 못하도록 임기를 정해서 성과를 살핀 후 연임할 수 있게 했다. 그리고 문제를 일으키면 임기 내에라도 탄핵해서 끌어내릴 수 있게 했다. 또 한 사람에게만 권한을 몰아주면 위험하니까 서로 견제할 수 있도록 정부를 입법, 사법, 행정부로 나누었다. 이게 애초에 민주주의를 구상한 사람들의 생각인데, 한마디로 말하면 '최악에 대비한 안전장치'였다.

그런데 정주영은 맹자가 생각한 왕도정치를 비즈니스에 실천하려고 한 것처럼 보인다. 그러한 모습이 외부 관찰자들에게는 마치 마피아 조직의 두목처럼 보인 것이다. 하지만 내부의 인상은 달랐다. 그리고 당시 많은 국민들도 그러한 방식을 문화적으로 수용했고, 그래서 함께 의기투합했다. 당시 박정희 대통령의 모습이나 종교지도자들의 모습도 그러했다. 사실상 강력하게 유교화된 위계질서임에도 지도자들이 '님'으로 존중받으면서 돌파력을 가지고 리더십을 발휘하는 시스템에서 대한민국의 성장 비결을 찾을 수 있는 것이다.

한강의 기적은
어떻게 가능했는가

자본주의에도 체질이 있다

정치경제학자들 사이에서는 자본주의 다양성에 대한 논쟁이 활발하다. 흔히 시장과 자본주의는 이념형적으로 같다고 생각하지만, 이제마의 사상의학이 사람들의 체질을 각기 다르게 보는 것처럼 경제도 나라마다 체질이 다르다고 할 수 있다.

개인적인 경험을 하나 이야기하자면, 대학 다닐 때 기숙사 생활을 했는데 어느 날부터인가 식중독에 걸렸는지 닭고기나 돼지고기를 먹으면 얼굴이 빨갛게 부풀어 오르면서 딱딱해지고 간지러워 참을 수가 없었다. 그래서 병원에 갔더니 알레르기 증상을 일으키는 식재료가 대략 200여 가지가 있는데 그 200가지를 일일이 검사해서 원인을 밝힐 것인지, 아니면 닭고기나 돼지고기를 먹지 않고 살 것인지 선택하라는 것이 아닌가. 할 수 없이 그냥 돌아왔는데 방학 때 고향에 내려가 동네 한의원에 가게 됐다. 그때 잠시 진맥을 본 나이 많은 한의사는 나를 태음인이라고 분류한 후, '성격은 의뭉스럽고 순환기 계통이 약하지만 소화기는 강한 체질'이라고 진단했다. 성격과 체질에 대한 진단 그리고 처방이 모두 하나의 패키지였다. 음식을 잘못 먹어 체질이 바뀌어 문제가 생긴 것이라면서 약을 한 첩 지어주었는데, 그 약을 달여 먹은 후 알레르기가 씻은 듯이 나았다. 체질에 따라 음식이 맞기도 하고 안 맞기도 한 것이며, 병을 고치는 방법으로 체질을 돌이키는 약을 쓰기도 하는 것이다.

경제도 마찬가지다. 시장경제를 한다고 하지만 나라마다 독특한 체질, 즉 시스템이 있다. 자본주의의 다양성에 대해 연구한 정치경제학자 홀과 소스키스David Soskice는 『자본주의의 변종들Varieties of Capitalism』이라는 책에서 각 나라의 경제 시스템을 영미형의 자유시장경제와 독일 등의 조정시장경제 시스템으로 나눈 바 있다.[26]

자유시장경제의 특징이라면 모든 것이 단기계약 기반이

고 시스템이 유연하다는 점이다. 치열한 경쟁, 활성화된 주식시장, 단기성과 중시, 노동시장 유연성 등이 그 특징이다. 반면에 조정시장경제는 장기적인 관계와 사회적 합의를 기반으로 한다는 점에서 그 체질이 다르다. 주거래 은행, 생산성 연합, 고용 안정성 등은 모두 조정시장경제의 특징이다. 그런데 한국경제는 이 두 가지 유형과 부분적으로는 특징을 공유하지만, 이들과는 명백히 구별되는 '한국적 체질'을 갖추었다고 보아야 할 것이다.

우리나라는 해방 이후 1950년대까지만 해도 원조에 의존했다. 먹을 것도 스스로 챙기지 못할 정도로 가난했기에 미국의 잉여농산물을 원조받아야 생존할 수 있었다. 60년대에 들어서는 수출로 산업화를 한다고 했지만, 막상 팔 것이 없어 제일 처음 내다 판 것이 긴 머리를 잘라 만든 가발이었다. 원료나 부품을 수입한 후 가공해서 다시 수출하는 식의 조립산업이 뒤를 이었다. 섬유나 간단한 전자제품을 만들어 팔기 시작하면서 산업화의 속도가 붙기 시작했다. 점차 세계의 상품사슬과 결합해 폭발적으로 수출이 증가했다. 그리고 중간재와 설비 수입을 대체할 정도로 성장하면서 화학공장, 제철공장 등 중화학공업이 발전했다.

그런데 자본주의 시장을 운영하면서 우리가 부딪친 기본적인 문제는 유교적 전통이 빚어낸 사농공상土農工商 개념이었다. 우리 의식에서 '공'과 '상'은 바닥의 삶이었다. 농사짓는 건 그래도 괜찮은데 무언가를 만들거나 장사하는 일은 노비들이나 아랫사람들이 하는 일이라는 유교적 편견이 깔려 있었다.

장인과 상인을 천시해온 문화 속에서 짧은 시간 안에 기능올림픽에 나가 우승할 정도의 수십만 기능공을 양성하고 이들의 기여를 통해 제철, 자동차, 화학 등의 중화학공업을 일으켰다는 것은 실로 놀라운 일이 아닐 수 없다. 현재 포스코, 현대중공업, LG화학 등은 그 분야에서 세계적인 기업으로 성장하지 않았는가.

군대식 문화로 성장하다

우리나라 1960~70년대 산업화 과정에 관한 연구들을 살펴보면, 경제성장의 비결 중 하나는 군대식 문화였음을 알 수 있다. 가난한 중학교 졸업생들은 장학금을 약속받고 전국에 신설된 공업고등학교에 입학했다. 교복과 작업복을 지급받아 3년간 열심히 공부해 졸업하면, 기술부사관으로 군대에 입대했다. 군대에서는 다시 제복을 입고 길게는 5년을 근무했고, 제대한 후에는 공장의 노동자가 되어 또다시 작업복을 입고 평생 일했다. 매우 일관성 있는 규율 속의 삶이다. 제복과 집단생활, 위계적인 문화에 단련되어 평생을 일한 노동자들은 지금 연봉 1억이 넘는 중산층이 되었다. 그리고 이제 이들이 본격적으로 은퇴하기 시작했다.

산업화 과정에서 기업경영도 위계적으로 가족경영과 같은 방식으로 확장되어갔다. 아무것도 없는 시장의 부재로부터 시작한 산업화 과정에서 기업은 모든 것을 내부화할 수밖에 없었다. 예컨대 자동차를 만들려면 적어도 부품, 철강, 타이어가 있어야 하는데 아무것도 존재하지 않는다면 제철소, 고무공장, 조립공장 등을 다 내부화해 자기 사업으로 할 수밖에 없었다.

그렇게 확장된 산업구조에서 정부는 아예 가이드라인을 만들어 일률적으로 임금을 통제했다. 우리나라 초기 산업화 단계에서 산업구조와 제도는 매우 단순한 것이었음에도 부문 간에 놀라울 정도로 동형구조를 띠게 된다. 정부가 목표를 제시하면 함께 우르르 따라가는 시스템이다. 여기에 수출 성과에 따라 값싼 금리의 은행대출을 배분하는 성과제도가 결합되다 보니 매우 빠른 속도로 성장할 수 있었던 것이다.

그 산업화 과정에서 한 개인의 가족사업도 세계화했는데, 그 방식에는 놀라운 집중과 확산의 비결이 존재했다. 아산 정주영이 세운 현대의 경우, 그 시작은 건설업이었는데 이것은 그야말로 시대적 상황에 적합한 사업 선정이었다고 할 수 있다. 전쟁은 모든 것을 파괴하는 비인간적인 비극이지만, 생산체제의 시각에서 보면 무한히 팽창하는 수요를 만들어내는 계기가 되기도 한다. 우리나라는 한국전쟁을 거치면서 주택, 건물, 인프라 등 많은 것들이 파괴됐다. 따라서 전쟁 이후 엄청난 건설 수요가 만들어졌는데, 이 과정에 참여한 기업은 매우 빠른 속도로 성장할 수 있었다.

그런데 건설업은 사실상 전형적인 프로젝트형 사업이다. 매번 다른 현장에서 설계도에 따라 일을 하는데, 대체로 환경적으로 열악한 곳, 예컨대 밀림, 바닷가, 계곡 등에 건물을 짓고 다리를 놓는 작업이 이루어진다. 게다가 말이 통하지 않는 외국이라면 난이도는 더 심해진다. 이와 같이 위험하고 열악한 환경에서 작업해야 하니, 군대로 치면 해병대나 특전사 같은 성격이 건설업의 특징이다. 현대는 군대 훈련과 같은 방식으로 시작됐기 때문에 거기에서 얻어진 노하우로 다양한 기업들을 만들어나갈 수 있었다.

현대그룹 계열사의 확장을 보면, 현대건설이 모기업이 되어 하나씩 분리되어 나가는 방식이었다. 현대건설 무역부가 현대양행으로, 현대건설 시멘트사업부가 현대시멘트로, 현대건설 기획부가 현대자동차로, 다시 현대자동차 서울사무소는 현대자동차 서비스로, 현대자동차 울산공장은 현대정공으로 분리 독립하는 식이다. 일종의 연쇄적 스핀오프spin-off 과정이라 하겠다.

열정적으로 매우 빠르게

사회학자 장덕진은 그의 박사학위 논문에서 현대그룹의 89년도 소유구조를 분석했는데, 그가 밝힌 소유구조는 다음 페이지의 그림처럼 매우 복잡해 보인다.[27]

현대는 짧은 시간 동안 급격히 성장하면서 이와 같은 모습으로 발전했다. 그러나 그 안에 숨어 있는 소유구조의 비결은 겹쳐진 위계nested hierarchy구조였다. 이는 아래 그림과 같이 요약할 수 있는데, 그림을 보면 현대건설을 모기업으로 모든 것이 위계적으로 연결돼 있다. 모기업이 중간 그룹에 속한 기업군을 소유하고, 중간 그룹에 속한 기업군은 다시

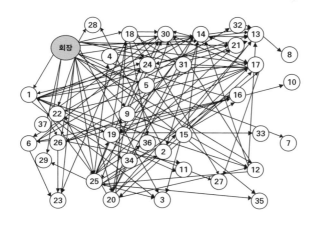

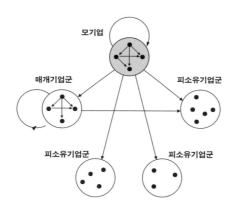

현대그룹의 소유구조(1989)

그 아래의 기업군을 소유하는 형태다. 정주영 회장의 가족들이 겹겹이 위계적으로 연결된 수많은 계열사들을 일사분란하게 조정할 수 있는 구조다.

이와 같은 독특한 시스템을 일각에서는 '문어발식 확장'이라 비난하기도 한다. 그러나 시장이 부재한 환경에서 기업 스스로 적응하면서 이룬 것이니 진화론적 적응의 결과라고도 할 수 있다. 그래서 더욱이 흥미로운 연구대상이 아닐 수 없다.

현대그룹의 사례를 보면, 정주영 회장은 오케스트라 지휘자와 같은 역할을 했다. 매우 다양한 악기들을 '열정적으로 매우 빠르게allegro molto appassionato' 연주했다. 현대 가문의 성공은 국가의 경제성장과도 밀접하게 관련된 것이니, 사실상 우리나라 기업문화의 원형이 되었다고 할 수 있다.

한국형 경영의 특색, 패밀리 비즈니스

다음 도표는 영미형 경영(A형 경영)과 한국형 경영(K형 경영)을 비교해본 것이다. A형은 주주자본주의shareholder capitalism로서의 특징을 갖는 경영 형태로 시장을 통해 분할된 지분을 교환하기 때문에 소유가 사회화된다는 점, 그리

A형 경영	K형 경영
• 민주주의	• 왕도정치
• 계약문화	• 의기투합형 문화
• 기회주의 억제	• 신뢰기반
• 외부거래비용 감소	• 내부거래비용 감소
• 사회화된 지분 소유	• 위계화된 지분 소유
• 성과진폭 작음	• 성과진폭 큼
• 강력한 이사회	• 무력한 이사회

A형 경영과 K형 경영

고 경영자들은 자신의 임기 내 성과로써 보상받고 재신임
을 받는다는 장점이 있다. 반면에 단기적인 성과관리에 치
중할 가능성이 커서 장기적인 투자나 성장 가능성이 제약
될 수 있다.

　K형 경영은 유교적이고 위계적인 경영 형태로 나름의 장
단점을 갖는다. 우선 장점이라고 하면 장기적인 관점에서
의사결정이 가능하고, 일사불란하게 조직을 운영할 수 있
다. 적기에 의사결정을 하고 적기에 과감하게 투자해 한국
재벌이 수출로 꽃을 피웠던 시기가 바로 1970~80년대다.

남미나 격변기를 거친 동구권, 동남아, 아프리카 등의 신흥 시장으로 진출할 때, 외국 기업들은 대부분 전문화가 되어 있어 석유면 석유, 철강이면 철강으로 국한해 독자적으로 진출했다. 이에 비해 우리는 모든 산업을 아우르는 패키지형 진출을 시도했다.

현재 삼성전자는 베트남에 엄청난 투자를 해서 베트남 수출액의 22퍼센트를 담당하고 있다. 그곳에 상주하는 삼성 직원은 얼마 되지 않지만, 현지에서 채용한 베트남 직원은 12만 명이 넘는다. 그렇다면 삼성전자는 어떻게 짧은 시간에 공장을 짓고 많은 현지 인원을 충원해 온갖 가전과 스마트폰을 만들어내는 것일까? 역시 현대와 같은 구조다. 다양한 오케스트라 단원에 해당하는 각 계열사 인력들을 차출해 패키지로 투입하는 것이다. 삼성그룹에 건설부터 숙박 서비스에 이르기까지 모든 것을 한꺼번에 운영할 수 있는 인력과 시스템이 있기에 가능한 일이다.

이것이 가족경영의 확장이 가져온 최대 장점이라고 볼 수 있다. 반면 단점이라면 잘못된 결정으로 인해 실패하게 되면 확실하게 쪽박을 찬다는 것이다. 국민경제나 수출에서 재벌그룹이 차지하는 비중이 높아 경제력 집중이 심각하다는 비판이 있지만, 동시에 재벌그룹 간 서열을 보면 지난 60년간 순위 등락이 매우 심했고 사라진 그룹들도 많다. 1997년 외환위기 때는 30대 그룹 중 16개가 사라졌다. 이때 부도나 화의로 사라진 그룹들 역시 살아남아 성장한 그룹들과 유사한 거버넌스governance를 가졌다. 한번 상황이 나빠지면 돌발적으로 사라질 수 있는 구조라는 것이 K형 경영방식의 최대 문제다.

외환위기 당시 IMF에서 구제금융을 지원받게 되자 학계나 언론에서 한국 자본주의를 정실 자본주의crony capitalism라고 비난하기도 했다. 그런데 그렇게 한국의 자본주의를 비난했던 영미 자본주의도 2008년 금융위기를 호되게 겪으면서 자신들의 방식을 반성하게 되었다.

주주자본주의 아래서는 짧은 기간에 주식가치를 극대화하기 위해 주주들과 경영진이 함께 노력한다. 주식가치를 높이면 주주들은 배당을 더 받고, 경영진은 성과를 인정받고 연임할 수 있기 때문이다. 그래서 생긴 부작용이 미래 성장가치가 높은 알짜배기 자산까지 팔아버린다는 점이다. 이렇게 하면 당장의 주식가치는 올라가겠지만 그 기업의 장기적 성장과 좋은 품질을 담보하기는 어려워진다. 결국 주주와 경영진을 제외한 다른 소비자들이나 이해당사자들은 피해를 보게 되는 것이다.

이러한 비교를 통해 보면, 한국형 자본주의는 이해당사자형 자본주의 쪽에 더 가까우며, 극단적인 주주자본주의의 폐해에서 벗어날 수 있는 장점도 지닌다고 할 수 있다. 요즘에는 아시아 자본주의 속성에 영미형 자본주의의 문제를 풀 수 있는 비결이 있다고 이야기하기도 한다. 물론 어떤 체질의 자본주의가 더 나은 것이냐에 대해서는 일괄적으로 말하기 어렵다. 사람의 체질이 그러하듯, 각 체질마다 장단점이 있는 것이다. 다만 우리의 임무는 체질을 운명으로 받아들이지 않고 취약한 부분에 더 강한 약을 쓰듯이 시스템의 단점을 잘 보완하면서 장점을 살리는 일이다.

전통적 질서의 와해와 계층상승

현대가의 사례를 정리해보자. 정주영은 청년 창업가로서 헐벗은 가족들을 먹여 살리기 위해 사업을 시작했으나 인격 윤리, 권위, 의리 등을 기반으로 한국문화 코드에 맞는 의기투합형 기업문화를 만들어 국민들과 공감할 수 있었기에 기업을 크게 성장시킬 수 있었다. 발전국가 시기에 시장 부재를 극복할 수 있는 내부적인 위계구조를 만들고, 단순한 제도일지라도 부문 간 호환성을 높임으로써 국가-기업-노동자 간 호혜적 교환의 선순환구조를 창출할 수 있었다. 이것이 급속 성장의 비결이었고, 이 성장 열차에 올라탄 사람들은 모두 구조적 변화에 따른 계층상승 이동을 경험하고 높은 성취감을 느낄 수 있었다.

이 과정을 역사적 맥락에 비추어 풀어본다면 앞서 언급한 우리의 최근 200년 근현대사와도 연결된다. 조선시대는 강력한 신분제 사회였다. 조선 전기에는 전 국민 가운데 양반이 20퍼센트, 노비가 40퍼센트 정도 되는 아주 불평등한 사회였다. 그 사회가 여러 경로를 거치면서, 특히 조선 후기 임진왜란, 병자호란 이후 정치가 무질서해지고 산업생산이 어려워지는 등 내부로부터 기존 질서가 와해되면서 신분 질서가 무너졌다.

일본이 한국을 식민화하면서 썼던 방법 중 하나가 대한제국 황실의 지위를 왕족으로 바꾼 후 재산을 그대로 인정해주고, 자신들에게 협조하는 조선인을 일본의 귀족 시스템에 편입시켜 남작, 자작, 후작 등의 작위를 준 것이었다. 하지만 해방이 되자 일제강점기 때의 작위는 일종의 사회적 사망 선고나 마찬가지가 되었다. 식민지 시기 병합에 앞장섰던 사람들은 작위를 받고 호사를 누렸지만, 해방 이후 이들은 매국노라는 낙인을 받았다. 이들을 제대로 처벌했느냐에 대해서는 논란이 있지만, 전통적 귀족이 완전히 해체되었다는 점에 대해서는 이론의 여지가 없다.

가난하지만 출발은 평등했으니

조선시대는 양반부터 노비까지 신분적 구분이 명확한 사회였다. 관직을 보유한 소수의 양반과 기술직 관리인 중인, 서얼, 향리, 양인, 노비 신분이 있었다. 조선 중기까지만 해도 양반층은 소수였지만 18, 19세기로 오면서 모두가 양반 족보를 갖게 되어 온 나라가 천년 이상 이어진 족보를 가진 가문으로 재편되었다. '온 국민 양반 되기'를 통해 전통적 신분 차별이 사라지고 문화적 동질성을 이룬 놀라운 사회가 된 것이다.

현재 각광받는 직업인 판검사, 회계사, 의사 등은 옛날에는 다 중인 신분이었다. 그러나 현대사회에서 이들은 새로운 엘리트 집단이 되었다. 유교적 질서하에서 적서차별의 결과 탄생한 서얼庶孽 그리고 인간 이하의 취급을 받던 노비들도 모두 사라졌다.

일제강점기에 등장한 새로운 지배집단 중 살아남은 것은 지주층이었지만, 해방 후 농지개혁을 거치면서 지주도 사라지고 광범위하게 자영농이 창출됐다. 해방 이후 남북한은 모두 토지개혁을 시행했다. 북한은 토지를 무상으로 몰수해서 무상으로 나눠줬다. 한편 남한의 이승만 정부는 조봉암이라는 급진파 농업경제학자를 농림부 장관에 임명해 토지정책을 시행했다. 그는 지주의 땅을 수용하는 대신 지가증권을 주고, 나중에 그 땅을 불하받은 농민들이 추수 이후 분할상환하도록 했다. 이 증권을 가지고 산업을 자본화하는 방식으로 농지개혁을 한 것이다.

사회학자 구해근은 1950년대의 한국사회를 '상승욕구로 가득 찬 쁘띠부르주아의 사회'라고 불렀다. 50년대의 한국사회는 매우 '평등하고 가난한 사회'로 시작했다는 것이 그의 관찰이다. 그간의 연구결과에 따르면 일제강점기 18퍼센트, 해방 후 25퍼센트, 농지개혁 시기 53퍼센트에 해당하는 대지주들이 몰락했다. 농지개혁 때 대부분의 대지주가 몰락하면서 이후 새로운 경제 엘리트들이 출연했다.

한국 초기 재벌들의 부친이 무슨 직업이었는지 조사한

연구를 보면 대부분 영세농, 영세상인, 몰락양반이었다. 비교역사적으로 볼 때 우리나라 50~60년대는 개천에서 용 날 수 있는 역동적 계층상승이 가능한 사회였다고 볼 수 있다.[28] 즉 해방과 전쟁을 거친 한국사회는 간신히 먹고살 정도의 땅을 가진 소농이나 소상공인들로 가득 찬 사회, 즉 모두가 가난하지만 평등한 매우 동질적인 사회가 되었다.

고도성장의 밀물효과, 우리 모두의 성취

모두가 가난했던 시절, 계층상승을 위해서는 학벌이 필요했다. 그래서 소를 팔아 등록금을 마련했다고 하여 대학을 우골탑牛骨塔이라 부르기까지 했다. 이것은 도어Ronald Dore라는 영국 사회학자가 말한 '졸업장 열병diploma disease'과도 같은 것이다. 상위 학력을 취득하기 위한 지속적인 경쟁이 졸업장 열병이다.

산업화의 기수라 할 영국이나 유럽 국가들의 경우 산업혁명 후에 점차 기술 인력이 증대함에 따라 이론적인 지식을 가르치는 대학의 팽창이 뒤따르는 과정을 거쳤다. 반면 2차 세계대전 이후 독립한 나라들, 예컨대 인도나 한국 등은 산업기반이 전무한 상태에서 대학부터 팽창했다. 매우 특이

한 현상이 아닐 수 없다. 한국에서는 왜 대학이 50년대부터 팽창한 것일까? 이를 유교문화의 영향으로 설명하기도 하지만, 다른 한편으로는 미래를 위한 투자로 보기도 한다.

당시 교육열이 얼마나 뜨거웠는지 보여주는 대표적인 사례가 바로 '무즙 파동'이다. 1964년 중학교 입시문제에 '다음 중 엿기름 대신 밥에 넣어 엿을 만들 수 있는 것은?'이라는 질문이 있었는데, 답은 효소인 '디아스타제'였다. 그런데 학부모들이 무즙을 넣어 엿을 만들어와 교문 앞에서 시위를 벌인 탓에 '무즙' 또한 정답으로 인정받게 되었다. 이후 무즙 파동은 치맛바람을 대표하는 사례가 되었다. 치맛바람이 이렇게 뜨거웠다는 것은 바꾸어 말하면 당시 교육을 통한 계층이동의 효능감이 그만큼 확실했다는 의미일 것이다.

지나고 보면 50~60년대에 자식을 대학에 보냈던 집안은 그 자식들을 통해 계층상승을 경험했다. 그들 대부분은 은행원, 교원, 공무원 등의 전문직종에 취업했다. 70년대부터는 본격적인 경제성장 결과 크게 성장하기 시작한 대기업에 취업해 조직의 성장과 함께 승진하거나 중간에 자기 사업을 벌여 중소기업인이 되었다.

이것은 일종의 밀물효과라고 볼 수 있다. 밀물이 들어오면 뻘에 놓여 있던 배들이 다 떠오르는 것처럼 고도성장이라는 밀물로 인해 절대 빈곤에 시달리던 가장 어렵고 가난한 위치에 있는 이들부터 성장의 효과를 체험할 수 있었다. 그리고 그 결과 새로운 중산층이 두텁게 형성되었다.

지금 베트남이 한국의 60년대나 70년대의 밀물효과와 유사한 경험을 하고 있다. 얼마전 호치민에 갔더니 도심의 높은 빌딩에서 일하는 여사무원들이 점심시간에 길거리 포장마차에서 주문한 쌀국수를 먹는데, 조그마한 의자에 쪼그리고 둘러앉아 재잘거리며 먹는 모습이 무척이나 즐겁고 쾌활해 보였다. 이들은 지금 미래에 대한 기대로 희망찬 하루하루를 보내고 있을 것이다.

다음 사진은 금호동의 과거와 현재의 모습이다. 내가 대학 다니던 시절에는 보일러도 변변치 않아 연탄으로 난방을 했다. 추운 날씨에 난방을 하면 방바닥은 등에 화상을 입을 정도로 뜨거운 반면 코는 동상을 입을 정도로 웃풍이 심했고, 어머니는 긴 겨울밤 시간마다 일어나 연탄불을 갈아야 했다. 그에 비하면 사시사철 뜨거운 물이 나오고 매일 샤워할 수 있는 현재의 주거 환경은 실로 놀라운 발전이 아닐 수 없다.

금호동의 과거와 현재

그런데 그럼에도 불구하고 우리는 왜 이렇게 모두가 불행한 것일까? 왜 모든 걸 포기한 N포 세대가 나오고, 어떻게든 탈출해야 하는 헬조선이 등장한 것일까? 이 역설적 상황은 어떻게 만들어진 것일까?

사라지는 중산층, 늘어나는 서민

다음 그래프는 1970년부터 2013년까지 우리 국민의 1인당 소득증가율을 표시한 것이다. 1970년 당시 연간 1인당 실질소득은 지금으로 치면 대략 200만 원쯤 된다. 현재는 2700만 원 정도이고 4인 가족으로 하면 거의 1억 정도가 되니 엄청나게 늘어난 수치다. 명목소득으로 하면 그 증가율은 더욱 높다.

그리고 구매력 기준의 1인당 국민소득을 보면 2013년 기준으로 우리나라가 3만 3000달러가 조금 넘는 수준이다. 이는 스페인이나 그리스보다는 조금 높고 중국보다는 훨씬 높으며 이탈리아와 거의 비슷하고 영국이나 프랑스, 일본과도 큰 차이가 없는 수준이다.

요즘에는 원화가 강세여서 일본 관광을 많이 가는데 한국인의 소비력은 이미 상당한 수준이다. 동남아나 동유럽에

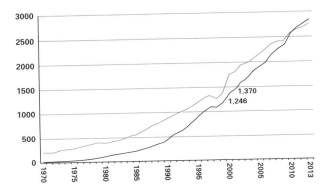

1인당 명목 · 실질 소득의 증가(만 원)

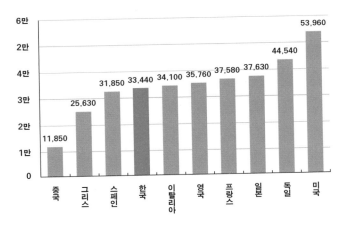

2013년 1인당 국민소득(달러, 세계은행 참조)

가면 실제로 대단한 구매력을 자랑한다. 그럼에도 우리는 살기 힘들다고 이야기한다.

1980년대에 경제기획원이나 갤럽, KDI에서 조사한 바에 따르면, "당신의 계층이 무엇이냐?"는 질문에 적게는 60퍼센트에서 많게는 75퍼센트의 사람들이 자신은 중산층이라고 대답했다. 그런데 10여 년 전부터는 같은 질문에 중산층이라고 대답하는 사람이 20퍼센트밖에 되지 않는다. 소득이 지금의 10분의 1밖에 안 됐을 때도 대부분의 국민이 자신을 중산층이라고 생각할 정도로 계층적인 자신감이 넘쳐났는데, 지금 한국은 구매력 기준으로 볼 때 선진국 정도의 위상을 갖고 있음에도 중산층 의식은 현저히 떨어지고 대부분의 사람은 자신을 서민庶民이라고 생각한다.

사실상 서민은 자기 존재를 대단히 비하하는 표현이다. 본래 서庶는 특권층이나 귀족과 대비되는 일반인이라는 의미도 있지만, 첩에게 난 자식을 의미하기도 한다. 그런데 우리나라 정당들은 모두 서민을 위한 정책을 펴겠다고 소리 높여 외친다. 모든 국민을 중산층으로 만들겠다고 해야지 왜 서민 운운하는 비하적인 표현을 쓰는 것일까?

우리 모두의 딜레마, 성장의 사회적 한계

허쉬Fred Hirsch라는 영국의 경제학자는 『성장의 사회적 한계 Social Limits to Growth』라는 책에서 지금 한국이 겪고 있는 것과 비슷한 1970년대 영국의 경험을 분석했다.[29] 우선 경제적 성취가 모든 사람이 희망한 바였음에도 불구하고 풍요로운 사회에 진입하자 대다수가 실망스러워하는 '풍요의 역설paradox of affluence'이 나타났다. 2차 세계대전이 끝나고 영국은 매우 빠른 속도로 산업이 성장해 전후 최대의 풍요를 누리게 되었다. 그런데 많은 이들은 이전보다 더 불안해했고 박탈감을 느꼈으며 여러 형태의 문화적 저항을 하게 되었다. 이러한 상황을 풍요의 역설이라고 한 것이다.

또 다른 변화는 '분배강박distributional compulsion'이 두드러진 것이다. 파이의 크기를 키우면 나중에 더 큰 몫을 가질 수 있음에도 불구하고 파이를 나누는 데 집착하는 사람들의 심리를 지적한 것이다. 지금 우리 사회에도 분배 없는 성장이나 고용 없는 성장에 대한 반감이 거세졌다. 복지에 대한 주장이 강해졌고, 공평한 분배에 대한 요구들이 크게 늘어났다.

허쉬는 또 다른 특징으로 '미온적 집합주의reluctant collectivism'에 대해 지적했다. 70년대 영국사회에서는 히피 세대들이

주도해 성적으로 매우 개방적이고 미학적 취향에서는 극단적인 개인주의가 기승을 부렸다. 그러나 유독 경제적으로는 집단주의적이고 사회주의적인 취향이 강해졌고 국가 역할과 규제에 대한 요구가 강해졌다.

이런 역설들을 이해하기 위해서는 허쉬가 제기한 물질재material good 와 지위재positional good 의 차이에 대해 알 필요가 있다. 물질재란 한마디로 의식주에 해당하는 것들이다. 경제성장 초기에는 물질재의 공급이 늘어날수록 체감하는 효용이 매우 크다. 경제성장으로 인해 가장 가난한 이들도 먹을 것, 입을 것을 걱정하지 않게 되기 때문이다. 물질재의 공급이 늘어나면 대부분의 사람들이 편하게 생활할 수 있고, 공급이 늘어나는 만큼 효용도 커진다.

반면 지위재는 나의 효용이 같은 것을 요구하는 타인들의 수요에 의해 결정된다는 점에서 상대적인 위치가 더 중요하다. 만일 내가 주변 경치가 수려한 곳에 근사한 집을 짓고 산다면 매우 행복할 것이다. 그런데 갑자기 그곳이 소문나서 많은 사람들이 몰려들어 주위 땅을 사들여 집을 짓고 난개발을 한다면, 그리고 곳곳에 공장과 창고가 들어서서 수질이 오염되고 악취가 난다면 더 이상 나의 쾌적함은 보장받지 못한다.

　주변 환경에 의해 내 지위가 결정되는 것, 이것이 지위재다. 문제는 성장이 이루어진 다음에는 물질재보다 지위재가 훨씬 중요해진다는 것이다. 대표적인 지위재로는 교육과 직업이 있다.

아무리 달려도 제자리인
지금 한국의 청년들

학벌에 집착하는 지위 불안의 시대

스위스의 철학자 알랭 드 보통은 그의 저서 『불안Status Anxiety』에서 지위 불안에 대해 이렇게 이야기한다.[30] 중세에 농사를 짓던 농민들에게는 현대인과 같은 불안감이 없었다. 그들은 평생 자연과 상호작용하는 일을 했기 때문이다. 자신이 열심히 농사지으면 열심히 한 만큼 소출이 나오기 때문에 남들과 비교할 필요가 없었고, 자연과의 관계에서 만족을 느끼면 되었다.

그러나 근대는 조직사회라 할 수 있다. 근대에는 조직 내 경쟁이 중요해졌는데, 이러한 경쟁은 일종의 토너먼트 경기와 같다. 내가 얼마나 열심히 하느냐가 중요한 게 아니라 같은 위치에 있는 사람과 비교해서 내가 얼마나 더 능력을 인정받고 승진하느냐, 더 높은 연봉을 받느냐가 중요해졌다. 이러한 경쟁은 능력주의 원칙에 따라 이루어지는데, 그 결과 나의 지위가 내 만족을 결정하게 되었다. 그래서 지위를 추구하는 것이 중요해지고, 기대에 미치지 못하면 질투감이 생긴다. 물론 지위에 대한 욕구도 필요하다. 그래야 재능을 계발하도록 자극하며 남들보다 나아지려 노력하게 된다. 하지만 다른 욕구와 마찬가지로 이것도 지나치면 독이 된다.

다음 그래프는 한국과 일본의 고등교육진학률 추이를 살핀 것이다. 일본도 한국 못지않게 성취지향적인 나라이지만 2008년 기준으로 대학진학률은 50퍼센트 수준에 머물러 있다. 일본과 한국은 이전까지 비슷한 수준을 유지했으나 한국의 대학진학률은 계속 높아져서 이제는 일본의 거의 두 배 가까이 되었다.[31] 그러면 일본 사람들은 왜 대학에 가지 않는 걸까?

일본의 많은 학생들은 고등학교를 마치고 취업을 하거나 직업과 실생활에 필요한 지식, 기술, 기능을 습득하고 교양을 향상할 목적으로 전수학교에서 기술을 배운다. 예컨대 라면 가게를 열어 열심히 일해 소득을 얻을 수 있다고 생각

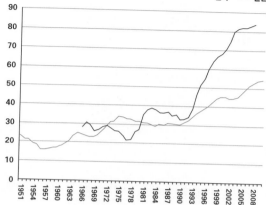

한국과 일본의 고등교육진학률 추이[32]

하면 굳이 대학에 가지 않는다.

그런데 우리는 지위 경쟁을 하다 보니 모두가 대학진학을 한다. 매우 유별난 특성이 아닐 수 없다. 세계적으로 모든 나라들의 대학진학률이 조금씩 올라가는 추세지만 한국만큼 대학진학에 대한 집착이 강한 나라도 없다.

대학교육이 졸업 이후 삶의 문제들을 풀어나갈 수 있는 뛰어난 능력과 기술과 자격을 부여하기 때문에 대학을 가는 것인지, 아니면 대학을 가지 않으면 마치 조선시대에 양반이 되지 못해 신분적인 차별을 받았던 것과 같은 사회적 차별이 두렵기 때문에 가려는 것인지 곰곰이 따져볼 일이다.

결코 따라잡을 수 없는 레드퀸

사실상 세상 어디에도 대졸자에 걸맞은 좋은 일자리만으로 나라 경제를 꾸릴 수 있는 나라는 없다. 일에는 귀천이 없다지만 그래도 누군가는 길거리와 화장실을 청소하고 공장에서 육체노동을 하는 기능적인 분업이 필요하다. 모두가 다 개념적인 일, 사무실에서 깨끗하게 입고 펜을 굴리는 일만 할 수는 없다.

대학입시 경쟁이 치열해진 이유는 지위재를 둘러싼 경쟁이 가속되기 때문이다. 그래서 학력 기준은 계속 상승하는데 하는 일은 달라지지 않는다. 그래서 과거에는 고졸자들이 하던 일을 이제는 대학원 졸업자들이 하겠다고 서로 경쟁하는 상황이 되었다. 온 국민이 레드퀸 효과red queen effect에 시달리고 있는 것이다. 레드퀸은 『이상한 나라의 앨리스』 후편 『거울 나라의 앨리스』에 등장하는, 항상 달리고 있는 빨간 모자 여왕이다. 앨리스가 달리면 레드퀸이 옆에서 똑같은 속도로 달려 앨리스가 아무리 빨리 달려도 정지해 있는 것처럼 느껴지게 만드는 인물인데, 여기서 유래한 것이 레드퀸 효과다. 즉 계속해서 앞서가려는 상대에 맞서 속도를 내지 못하는 주체는 결국 무너지고 만다는 것이다.

그렇다면 교육문제의 해결책을 어디에서 찾을 수 있을까? 생각해보면 그 답은 너무 쉽다. 모든 학생들이 당장 선행학습을 중지하기로 온 국민이 합의하면 된다. 하지만 누군가는 동의하지 않을 것이다. 조금이라도 남들보다 앞서야 한다는 일반적 정서를 단숨에 없앨 수 없기 때문이다. 지금은 고등학교 과정을 이미 중학교 때 배우고, 급기야 유치원에서부터 영어를 배우기 시작한다. 모두 남들보다 앞서기 위한 경쟁적 선행학습을 하고 있다. 이는 모두 지위재를 둘러싼 경쟁이다 보니 사회적으로 늘어나는 생산성은 아무것도 없는데도 불구하고 경쟁 자체를 위해 엄청나게 교육비용을 늘리고 있는 셈이다.

우리는 왜 이렇게 이상한 나라의 앨리스처럼 바보같이 살고 있는 것일까? 사회적 합의만 이루면 단번에 끝낼 수 있는 경쟁을 왜 끝도 없이 지속하는 것일까?

주거문제도 마찬가지다. 지방은 주택보급률이 110퍼센트가 넘는다. 젊은이들이 도시로 빠져나간 시골에는 폐가가 늘고 있다. 지방에는 과잉 분양으로 비어 있는 아파트들이 늘어나고 역전세난이 시작된 지 오래됐다. 그런데 '강남불패'라고 서울 강남의 집값은 지칠 줄 모르고 올라간다. 주택 또한 전형적인 지위재이기 때문이다. 사람들의 선호가 모두 한곳으로 몰리기 때문에 혼잡비용이 발생하는 것이다.

사실 어떻게 보면 고도성장기와 궤를 같이했던 베이비붐 세대는 행복한 세대라 할 수 있다. 물질적 결핍으로 고통받기는 했지만 그들의 부모 세대와 비교해보면 상당한 성취감을 맛본 세대다. 대학진학률이 낮았지만 소득은 지속적으로 늘어났고 내 집 마련이 상대적으로 용이했으며 결혼과 출산, 육아에 큰 어려움을 느끼지 않았다. 하지만 현재 에코 세대는 어떠한가? 대부분 대학을 나오고 훨씬 뛰어난 스펙을 쌓았음에도 불구하고 취업도, 결혼도, 수도권에서 집을 구매하기도 힘든 상황이다. 이와 같은 시대적 맥락에서 중산층 문제가 이슈가 되고 있는 것이다.

사람 위에 사람 없고 사람 밑에 사람 없다?

기본적으로 인권선언에는 '사람 위에 사람 없고 사람 밑에 사람 없다'고 되어 있지만 실제로는 사람 위에 사람 있고 사람 밑에 사람 있는 것이 사회구조다. 그래서 사회구조를 가장 잘 드러내는 것이 불평등이다. 불평등이 구조화된다는 것은 그것이 장기적으로 지속되고 단순한 경제적 불평등에 그치지 않고 문화와 생활양식으로 굳어진다는 것을 의미한다.

내가 처음 교수로 임명됐을 때 계층론을 전공하신 은사께서 하신 말씀이 있다. 불평등은 돈, 명예, 권력 세 가지 차원에서 이루어진다며 "교수가 되는 것은 명예로운 일이다. 그러나 절대로 이 명예를 기반으로 돈과 권력을 얻으려 하지 마라"고 하셨다. 하지만 실제로 이 세 가지를 명쾌하게 구분하는 일은 쉽지 않다.

계층문제를 바라보는 시각은 다양하다. 갈등론적 시각에서, 기능론적 시각에서, 혹은 두 가지 시각을 합쳐서 보기도 한다. 갈등론적 시각은 사회를 제로섬zero-sum 게임의 장으로 본다. 한쪽이 부자가 되면 다른 한쪽은 가난해질 수밖에 없다고 보는 입장이다. 반면에 기능론적 시각은 일의 중요성에 따라 보상이 달라져야 한다고 본다. 중요한 일, 어려운 일, 오랜 기간 준비해야 할 수 있는 일을 하는 사람에게는 그만큼 더 큰 보상이 따라야 한다는 것이다.

그런데 사람들은 수동적으로 불평등을 받아들이는 데 머

물지 않고, 적극적으로 이 구조를 바꾸려고 노력한다. 그래서 프랭크 파킨Frank Parkin은 배제전략과 획득전략을 구분한다. 예를 들어 사용자는 노동자에게 더 많은 이익이 배분되지 않도록 배제하려 하고, 노동자는 획득전략을 통해 더 많은 분배를 요구한다는 것이다. 그래서 노조는 기업가나 자본가들로부터 노동자의 이익을 보호하려고 한다.

그러나 노조는 비정규직과 연대하거나 협력하는 데는 소극적이다. 사용자와의 관계에서는 을로서 피해를 받는다고 주장하면서 다른 쪽에서는 갑의 모습을 보이는 것이다. 차별받는다고 이야기하면서 다른 한편으로는 남들을 차별하는 것, 사실상 우리의 민주노총이 그런 모습을 보이지 않는가. 이를 두고 파킨은 '이중 폐쇄dual closure'라는 용어를 사용했다.

기든스는 경제적 계급의 분화가 생산수단이나 고급기술의 소유 여부 등 경제적 요인만으로 결정되는 것이 아니라, 일정한 시간을 거치면서 정치적으로나 사회적으로 독특한 정체성을 가진 계급으로 굳어지게 된다고 주장했다. 즉 계급의 정체성은 문화적, 역사적으로 구조화돼서 나타나는 현상이라는 것이다. 유사한 지위에 있는 사람들이 유사한 경험과 생존기회에 노출되다 보면 하나의 집단적 문화가 만들어지고, 오랜 기간에 걸쳐 구조화된 계층문화 속에서 그들만의 리그를 펼치게 되는 것이다.

이러한 논의를 기반으로 한다면 50~60년대 한국사회는 대부분 가난한 소농이나 소상공인으로 구성된, 계급이 구조화되지 않은 사회였다. 그러나 두 세대를 거치면서 한국사회도 견고한 구조화의 과정을 겪고 있다. 계급적 정체성이 뚜렷해지고 있는 것이다.

프랑스의 사회학자 부르디외Pierre Bourdieu가 사용한 아비투스habitus라는 개념은 그와 같은 계급구조화를 문화적인 측면에서 포착한 것이다. 부르디외가 주목한 것은 프랑스의 다양한 계층에 속한 이들의 소비 행태였다. 우리 식으로 말하자면 뽕짝을 즐기고 삼겹살에 소주를 마시는 사람들이 노동계급이고, 생선회에 화이트 와인을 마시면서 클래식을 즐기는 사람들이 중산층이라는 것이다. 오랜 기간 일정한 계급적 지위에 머물게 되면 그에 어울리는 문화적 습관이나 취향이 굳어져서 그 사람의 행동이나 말투만 봐도 그가 어느 계급 소속인지를 알 수 있다는 것이 부르디외의 주장이다.

그러나 부르디외의 관점이 한국사회에 그대로 적용되지는 않는다. 그의 관점에서 보면 정주영 회장은 노동계급임이 분명하다. 그는 막걸리를 즐겼고 뽕짝을 불렀으며 신입 사원들과 함께 경포대 백사장에서 씨름했다. 그러나 최근 들어 한국사회에는 점점 세련된 고급문화와 대중문화 사이에 벽이 만들어지고 있다. 바야흐로 계급이 구조화되고 있는 것이다.

누가 중산층인 걸까?

우리 사회에서 많이 쓰이는 말 중 하나가 '중산층中産層'이다. 그런데 이 말은 사실 한국에서만 쓴다. 한국에서 중산층이라는 말이 쓰인 것은 냉전시기 계급이라는 말 자체가 불온시되었기 때문이다. 그래서 무산계급, 유산계급 할 때의 계급을 드러내는 산産자와 중립적인 뉘앙스의 층層을 붙인 중산층이라는 말을 언론인들이 쓰기 시작했고, 그것이 대중화돼서 이제는 모두가 중산층이라는 말을 받아들이게 되었다.

　일본에서는 중산층과 비슷한 개념으로 '중류층中流層'이라는 말을 쓰고 있으며, 서양에서는 그냥 중간계급middle class이라는 표현을 쓰고 있다. 경제학자들은 '중간소득계급middle income class'이라는 표현을 쓴다. 중간계급이란 노동계급과 상층계급 사이에 존재하는 전문직이나 사무직을 의미하는 개념이고, 중간소득계급이란 소득이 가장 많은 사람부터 가장 낮은 사람까지 순서대로 일렬로 세웠을 때 한가운데 있는 사람의 소득, 이 중위소득을 기준으로 50~150퍼센트 사이에 있는 사람들을 의미한다.

조금 오래된 데이터이긴 하지만 2007년 통계청 자료에 따르면 4인 가족 기준 월 소득 167만 원 이상, 500만 원 이하가 중위소득계급으로, 이들이 전체가구의 59퍼센트, 가구원 기준 60.8퍼센트를 차지했다. 그러나 소득만을 대상으로 해서는 자산에 따른 차이가 드러나지 않기 때문에 이것이 계층구분으로 충분치 않다고 느끼는 이들이 많다. 그래서 사회학자들은 동일한 위치를 점하는 지위집단, 즉 생활양식, 공식교육, 직업적 위세, 소비의 취향과 능력 등을 공유하는 이들의 존재 여부에 주목한다.[33]

사회학자들이 사용하는 개념을 기준으로 하면, 한국의 중산층은 대개 대졸 이상의 웬만한 교육을 받았고, 자가 소유자거나 전세를 살아도 여유 있는 주거환경을 누리며, 괜찮은 직업과 일정 소득이 있어 1년에 한두 번 국내외 여행도 하고, 때로는 예술관람도 할 수 있을 만큼의 생활기반을 갖춘 이들을 일컫는다. 사회학자들의 연구결과, 소득과 주거, 교육과 소비 등을 종합적으로 따져보면 우리나라 가구의 대략 3분의 1 정도는 조금 어렵게 사는 한계층이고, 나머지 3분의 2 정도는 비교적 사정이 나은 중산층이라고 판단된다. 그리고 그 비중은 20년 전이나 10년 전에 비해 지금도 크게 바뀌지 않았다.

그런데 흥미로운 사실은 80년대에는 지금보다 평균적으로는 덜 부유했음에도 대부분의 국민들이 스스로를 중산층이라 생각했는데, 지금은 풍요로워졌는데도 대부분이 스스로를 중산층이라 생각하지 않는다는 점이다. 왜 이렇게 된 것일까?

중산층을 좀 더 구분하면 핵심 중산층과 주변 중산층으로 나눌 수 있다. 그 아래 하층이 있으므로 극소수의 상층을 빼면 대체로 세 집단으로 나눌 수 있다. 하지만 객관적 지표상 하층으로 분류된 이들이 스스로를 중산층이라고 인식하기는 쉽지 않다. 분석결과도 하층에서는 8.7퍼센트만 자신을 중산층이라고 인식했다. 그런데 생활이 조금 고되다고 하지만 주변 중산층의 15퍼센트만이, 그리고 우리 사회에서 상위 30퍼센트에 해당하는 핵심 중산층의 3분의 1만이

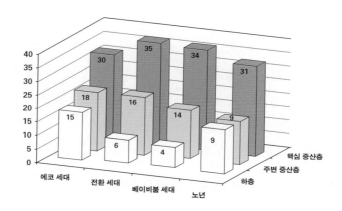

계층 및 세대별 중산층 귀속감(퍼센트)

자신을 중산층이라고 생각한다는 것은 잘 납득이 되지 않는
일이다. 우리 사회에서 상위 30퍼센트에 해당하면 상대적
으로 나은 삶을 사는 사람들이 분명한데, 이들 중 3분의 2가
자신이 중산층이 아니라고 생각하는 이유는 무엇일까?

강남 8학군에 살아야 중산층이라고요?
문제는 중산층의 기준이 매우 높게 설정되어 있다는 점이
다. 사회적으로 중산층에 대한 비현실적 기준이 광범하게
받아들여졌다. 예컨대 2013년 조사에서 "우리나라에서 '중

산층'이라고 불리려면 얼마나 벌어야 한다고 생각하십니까?"라는 질문에 평균 월급 567만 원, 연봉 7000만 원이라고 답했는데, 통계청 조사 결과 이 정도 소득은 상위 6.5퍼센트에 해당하는 금액이었다. 또한 "중산층은 부동산이나 주식, 저축 등을 모두 합해서 평균 얼마 정도의 재산을 가지고 있어야 한다고 생각하십니까?"라는 질문에는 평균 10.9억 원으로 대답했는데, 이는 상위 4.2퍼센트에 해당하는 자산 규모다.

중산층의 기준이 이와 같이 높게 매겨져 있으니까 당연히 자신이 중산층이라고 생각하는 이들이 적은 것이다. 그런데 도대체 이 기준은 어디에서 온 것일까? 답은 바로 강남 8학군이다. 강남에서 30평짜리 아파트에 사는 사람을 모델로 자신과 비교해온 국민이 모두 자학적인 상대적 박탈감에 시달리는 것이다.

서울시 25개 자치구의 주요 지표 간 상호 연관성을 표현한 다음 그림을 보면 우리가 8학군 현상이라고 하는 것의 실체를 짐작해볼 수 있다. 이를 보면 병원과 학원이 밀집되어 있고 재정자립도가 높은 지역에서 소위 명문대 진학률이 높게 나타난다.[34]

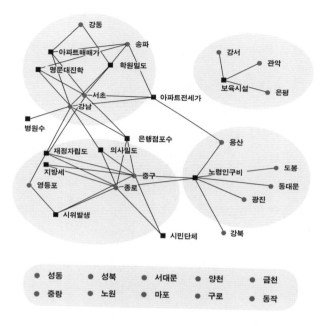

서울시 자치구와 주요 지표 간의 상호 연관성

　그런데 앞에서도 언급했듯 학부모들이 가장 불행한 지역 또한 8학군이다. 레드퀸 효과 때문이다. 경쟁이 치열하고 교육열이 높다 보니 모든 것을 쏟아 자녀교육에 투자한다. 하지만 모두가 성공하는 것이 아니며, 그 이면에는 드러나지 않은 많은 실패 사례들이 있다.

제대로 8학군 효과를 확인하기 위해서는 몇 가지 가설을 검증해야 한다. 만약 학생들에 대한 정확한 패널 데이터, 즉 중고교 시절 학업성취도와 가족 배경, 학교의 특성, 그리고 대학진학 이후의 성적 등을 알 수 있는 데이터가 있다면 검증은 가능하다. 그렇게 되면 8학군 출신의 대학진학률이 높은 것이 실제로 이 지역의 학교나 학원이 잘 가르쳐서인지, 부모들의 극성으로 똑똑한 아이들이 모두 이곳에 몰려서인지, 똑똑한 아이들을 한데 모아놓으면 이들 간 경쟁이 치열해져서 성적이 올라간 것인지, 아니면 여러 가지 원인이 서로 상호작용한 결과인지를 분석해서 원인을 밝힐 수 있을 것이다.

그러나 불행하게도 우리나라에서 학생들의 성적과 학교별 편차에 관한 데이터는 국가기밀로 분류되어 있다. 데이터의 공개 없이 교육문제를 풀 수는 없는데도 말이다. 반면에 미국의 경우 사는 지역의 교육청 홈페이지에 들어가면 각 학교마다 인종별, 계층별, 지역별로 학생들의 과목별 성적분포가 모두 공개되어 있어서 학부모들은 이를 참조해 아이들이 진학할 학교를 정할 수 있다.

요즘에는 레드퀸 경쟁에 지친 사람들이 대안교육을 찾

는 경향이 늘어나고 있다. 이제는 현재의 획일적인 경쟁 시스템하에서는 국민 모두가 상대적 박탈감에 시달리고, 또한 그로 인해 중산층 귀속감도 사라진다는 것을 심각하게 인지하고 대안을 찾을 때가 되었다.

성장과 욕망의 트레드밀에서 내려와야

중산층의 붕괴는 결국 우리 사회에서 희망격차가 점점 커지는 것으로 나타난다. 과거에는 모두가 미래를 희망적으로 생각했다면 지금은 꿈도 가진 자들에게만 해당하는 것으로 인식되고 있다. 사회학자 김홍중은 꿈도 자본이라고 정의했다. 큰 꿈을 꾸는 이들이 미래에 더 많은 성취를 얻을 수 있기에 꿈의 크기가 잠재적인 자본이라는 것이다. 그렇기에 꿈 자본이 양극화되는 것이야말로 진짜 심각한 우리 세대의 문제다. 중산층 의식의 결여는 결국 자신감의 부족으로 드러나 사회적 도전을 약화시키고 사회적 불만을 증폭시키기 때문이다.

1950년대의 가난하지만 평등했던 사회에서 지난 수십 년간 급속하게 불평등 사회로 이동한 결과, 우리 사회에는 지배 정당성이 매우 취약해졌다. 규칙을 만들고 집행하고 위반자를 처벌하는 심판, 즉 입법부, 사법부, 행정부에 대한 불신이 강하다. 지위추구 경쟁에서 탈락한 이들을 중심으로 좌절감이 확산되다 보니 능력 있는 승자에 대한 인정의 문화 또한 취약하다. 이것이 현재 우리 사회에 소위 '국민정서법'이 강한 이유다. 모두가 절차적 정당성에 매우 민감해져 있다 보니 그것은 쉽게 질투로 바뀔 수 있다. 이는 모두 지위재를 둘러싼 비교로부터 촉발되는 것들이다. 우리는 끊임없이 비교하고 또 비교하면서 분노하는 것이다.

그런데 영국이나 일본의 경우는 지금까지도 왕실과 귀족제가 유지되고 있지만 다른 신분 간 질투는 심각하지 않다. 내부적으로 왕실과 일반 국민은 서로 닭이 소 보듯, 소가 닭 보듯 하는 사회다. 닭에게 소는 판타지의 대상일 뿐이다. 미국 TV 프로그램 중에 〈리치앤드페이머스rich and famous〉라는 쇼가 있었다. 전 세계 갑부와 셀리브리티들이 사는 모습을 보여주는 프로그램인데 미국의 보통 시민들에게 그들의 삶은 그저 판타지일 뿐 그들과 자신을 비교하거나 질투의 대상으로 삼지 않았다.

미국의 인류학자 브란트Vincent Brandt는 1960년대에 한국에 와서 서울의 여러 동네들을 다니며 참여관찰한 후 쓴 논문에서 '빈곤의 등고선'이라는 표현을 쓴 바 있다. 서울은 산으로 둘러싸인 도시다. 그래서 하늘에 가까운 달동네일수록 가난하고, 도심으로 내려올수록 부유해지는 것이 당시 빈곤의 등고선, 한국적인 계층 질서라는 것이었다. 그러나 지금은 거꾸로 강남에 우뚝 솟은 타워팰리스로 상징되는 고층 아파트일수록 부유층이 사는 곳으로 그 등고선 모양이 바뀌었다. 문제는 그 등고선이 갈수록 더욱 심하게 가팔라질 것이라는 데 있다. 앞으로는 계층 간 갈등에 따른 사회문제들이 지금보다 훨씬 더 심각한 양상으로 나타날 것이다.

모두가 부모 세대에 비해 한결 나은 삶을 살았던 베이비붐 세대의 성취 앞에서 지금 에코 세대는 웬만큼 해서는 그들의 부모만큼 역동적 성취를 이루기 어려운 상황에 놓여 있다. 그렇다면 상황을 탓하기만 할 것인가? 이제 우리 사회는 본격적인 조정과 혁신이 필요한 시점이다. 지속적인 성장에 따라 끊임없는 상승이동이 가능할 것이라 믿고 이를 부추겨온 욕망의 트레드밀에서 과감히 뛰어내려, 저성장과 점차 굳어지는 계급구조화의 현실 속에서 제대로 의미 있게 사는 법이 무엇일지 근본적으로 고민해야 하는 시점이 된 것이다.

'한강의 기적'을 이룬 기업가들은 누구
이며, 어떤 과정을 통해 성공신화를 써
내려갔는가?

한국의 고도성장기, 한강의 기적과 기업가들의
성공은 국가의 지원과 특혜만으로 가능했던 일은
아니다. 비교역사적으로 보면 국가의 지원이 강
력했음에도 불구하고 실패한 사례들은 많다. 그
래서 기업가들의 뛰어난 역량과 헌신, 그리고 미
래를 향한 비전을 빼고서는 한강의 기적을 설명
할 수 없다. 대표적인 기업가를 들라면 현대그룹

을 설립한 정주영, 포스코를 설립한 박태준을 언급하지 않을 수 없다. 한 사람은 가족적 경영을 한 재벌 총수, 한 사람은 공기업 대표라는 점에서 대비되지만 둘은 유사한 성격을 지닌 지도자로 평가되곤 한다.

이들은 모두 내적인 열정의 에너지를 긍정적 사고와 모범적 행동을 통해 적극적으로 표출했다. 연관산업이나 금융 등 기업활동에 필요한 제도적 조건이 갖추어지지 않고 미래가 불투명한 악조건하에 기업을 일으켰지만, 낙담하지 않고 창조적 대안을 마련했으며, 조직원을 자신의 열정적 목표로 전염시켜 헌신을 끌어내는 강력한 지도력을 갖추었다. 국민에게는 '하면 된다'는 긍정의 에너지로 공명을 불러일으켰다.

정주영은 전쟁으로 폐허가 된 국토의 사회기반시설을 확장하는 과정에서 대기업을 키웠다. 건설을 통해 습득한 자본과 역량을 시멘트, 자동차, 조선, 철강, 해운 등 연관산업 분야로 확장해나갔다. 이 과정에서 한국적 가족문화에 따라 자신의 형제와 자식들에게 계열을 분리해주었다.

조선소를 짓기도 전에 유조선을 팔아 필요한 자본을 영국의 은행에서 구해왔고, 서해안 방파제를 만들 때는 낡은 유조선을 가라앉혀 마지막 물막이 공사를 완성했다. 이런 일화들은 길이 없는 곳에 길을 만들어나가고, 해법이 보이지 않는 상황에서 창의적인 대안을 만들어나간 격물치지格物致知 능력을 잘 보여준다.

박태준은 대일청구권자금으로 설립한 포항제철과 일생을 같이했다. 그는 일제강점기 선조들의 피와 희생의 대가로 사업을 벌이는 것에 대한 부채의식을 천하위공天下爲公의 철학으로 구체화했다. 그 지향은 애국주의, 행동은 무소유로 드러났다.

그는 포스코를 세계적 제철기업으로 키웠지만, 정작 본인은 주식을 단 한 주도 소유하지 않았다. 그의 경영방식은 국가주의적이었고 리더십은 위계적이고 권위적이었으며, 운영방식은 매우 철저했고, 속도 또한 매우 빨랐다. 그는 단기간에 포스코를 세계 정상의 제철소로 키웠다. 그리고 복지와 교육을 통해 기업이윤을 사회에 환원했다.

　이처럼 고도성장기 기업가들의 성취는 제대로 된 금융시장이나 산업 인프라가 없는 상황에서 자력으로 자금을 끌어오고, 기술을 도입하며, 인력을 육성해서 이룬 것으로 세계 최고 수준의 기업들을 단기간에 따라잡았다. 이렇듯 '제도의 공백'과 '시장의 공백'을 극복하고 고도성장을 이끌었다는 점에서 이들의 성과는 놀랍다 할 수 있는 것이다.

3부

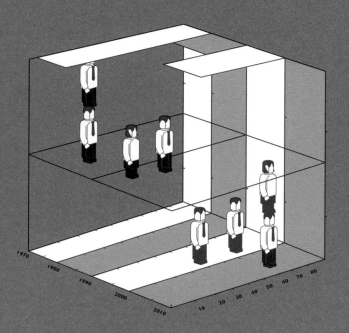

갈등은

성숙한
사회를 위한

자원이다

민주공화국 대한민국에서 공공갈등을 해소하기 위해서는 적극적인 소통과 설득에 의한 합의가 필수다. 지금 당장 소통과 합의를 끌어내지 못한다면 우리 사회가 앞으로 지불해야 할 갈등비용은 실로 어마어마해질 것이다. 그런데 사실상 문제는 갈등 자체가 아닌 갈등해결의 역량을 키우는 일이다. 그렇다면 과연 지금 대한민국의 갈등해결 역량은 어느 수준인 걸까?

대형재난이 드러낸
한국의 민낯

대한민국은 민주공화국이다

대한민국 헌법 제1조 제1항은 매우 간결한 문장으로 되어 있다. 바로 '대한민국은 민주공화국이다'라는 것이다. 민주공화국은 분명 민주와 공화를 합친 말일진대, 그렇다면 대체 민주주의는 무엇이고 공화주의는 무엇인가? 여기서부터 공공성 이야기를 시작해보자.

얼마 전 〈1987〉이라는 영화가 많은 사람에게 감동을 주었는데, 1987년은 국민의 힘으로 민주주의를 시작한 역사적인 해였다. 국민이 직접 지도자를 뽑고 중요한 의사결정을 할 수 있는 세계로 첫걸음을 내디딘 것이다.

'민주'란 시민들이 권한을 가지고 시민에 의해 결정이 이루어지는 정치 시스템을 뜻한다. 정치적 자유, 언론의 자유를 통해 모든 것이 투명하게 공개되는 사회가 민주사회다. 사실 지금은 누구나 민주라는 말의 함의를 잘 알고 있다. 그런데 '공화'는 민주와 비교하면 거의 논의가 되지 않았으며, 그것이 무엇을 의미하는지조차 분명치 않은 것 같다.

그러나 공화 또한 매우 중요한 개념이다. 로마시대부터 지금까지 공화는 '어떻게 하면 함께 잘살 수 있는 사회를 만들 것인지'를 고민하는 개념이었다. 그러니까 '개인의 자유를 기치로 하는 민주'도 중요하지만 '함께 잘사는 일로서의 공화'도 중요하다는 것이 민주공화국의 뜻이라 하겠다.

공화가 갖는 기본 정신은 공공성을 빼놓고 언급될 수 없다. 공공성에 대한 사전적 정의는 "한 개인이나 단체가 아닌 일반 사회구성원 전체에 두루 관련된 성질"이다. 공공성公共性의 한자 표기를 보면 '公'은 공적인 것 즉 국가를 뜻하고, '共'은 공동의 것 즉 시민이 함께함을 뜻한다. 그러니까 공공성은 공화와 민주의 유기적인 결합을 통해 실현 가능한 일이다.

민주는 시민성과 공개성을 특징으로 하는데 이에 부합하는 개념이 시민市民이다. 반면에 공민公民이라고 할 때는 공공성을 염두에 두고 행동하는 시민이라는 의미가 된다. 이에 보태어 공화 개념에서 공정성과 함께 중요한 것이 공익성이다. 예를 들면 군대는 외부의 침입에 대비해 국민된 도리로서 함께 대비한다는 측면에서 공익성을 갖는다. 그래서 모든 남성 국민은 군복무를 할 의무를 갖는다. 그런데 군대를 국민개병제가 아닌 용병제로 하면 어떻게 될까? 국민으로서의 의무가 아니라 경제적 이유로 가난한 이들만 군대를 가게 된다면, 국민의 안전을 도모한다는 공익성은 훼손될 것이다.

몇 년 전 메르스 사태가 일어났을 때 메르스 감염자들이 일반 환자들과 뒤섞여 있다 보니 여러 문제들이 발생했고, 감염자들을 격리해서 치료할 수 있는 공공 의료시설을 구비해야 한다는 목소리가 높아졌다. 공공병원의 필요성에 대한 논의가 급증한 이유는 우리 사회에서 공익성이 여전히 논란이 되는 현실을 반영한다.

병원 운영에서 경제적인 측면을 고려하면 효율성과 수익성이 중요하다. 그런데 공공성의 측면에서 보면 정당성 또한 매우 중요하다. 예컨대 육지에서 멀리 떨어진 낙도에 사는 국민들을 위해 병원선을 운영하는 일에 대해 대부분의 국민은 지극히 당연한 것이라고 생각하기 때문에 그 병원선 운영이 만년 적자라고 해도 누구도 정부를 탓하지 않는다. 정당성이 있기 때문이다. 그 섬에 있는 분교에 학생이 한 명 뿐인데 두 명의 교사를 배치해 학생 1인에 교사가 2인이 되어도 교육청을 나무라지 않는다. 모두 효율성에 우선하는 정당성, 즉 공익적인 측면이 있다고 생각하기 때문이다.

공공성이 낮아도 너무 낮은 우리나라

2014년 세월호 사건이 발생한 후 나는 이것이 공공성의 문제와 연관이 있다고 생각했다. 그래서 우리 사회의 공공성 수준을 측정하는 연구를 했다. 서울대 사회발전연구소 연구팀에 속해 공공성을 시민성, 공개성, 공정성, 공익성 네 측면으로 나누어 조사했는데, 결과는 자못 충격적이었다.

33개 OECD 국가 중 시민성은 32위, 공개성 31위, 공정성 33위, 공익성 33위로 한국은 모든 부문에서 거의 꼴찌였다.[35] 이는 공공성의 네 측면에서 모두 최상위를 기록한 북유럽 국가들(노르웨이, 스웨덴, 핀란드 등)과 대척점에 있는 한국의 현실을 보여주었다. 미국은 전반적으로는 중하위 수준이지만 시민성과 공개성 등 민주 영역의 공공성 수준이 높았다.

연구결과, 공공성은 국민들 가치관과도 밀접히 연관되어 있다는 사실을 알게 되었다. 세계가치관조사world value survey는 전 세계 100여 개 국가에서 동일한 설문을 가지고 조사한다. 그렇게 비교가능한 데이터를 분석한 결과, 공공성이 가장 높은 북유럽 국가들의 경우 신뢰의 기반이 매우 단단했다. 즉 낯선 사람이나 정부를 모두 신뢰했고, 사람들이 자신을 공정하게 대우할 것이라고 생각했다.

공공성 수준이 북유럽 국가 다음으로 높았던 호주, 캐나다, 영국, 네덜란드 등에서는 경쟁의 긍정적인 면을 인정했다. 그러나 성공이나 성장만을 지향하지는 않았고, 참여나 이타심을 중요한 덕목으로 여겼다. 그래서 정부에 의한 공적 자원 배분을 통한 복지가 풍부하지 않았음에도 불구하고, 높은 시민성으로 인해 개인들의 자원봉사가 활발했다. 미국은 전형적인 경쟁지향 시장경제로서 공공성은 매우 낮았지만, 자발적인 나눔과 서로를 따뜻하게 챙기는 문화가 강하게 공존하고 있었다.

한편 공공성이 상대적으로 낮은 동유럽이나 남유럽 국가들의 경우, 일반적인 신뢰수준이 낮은데 경쟁보다는 평등의 원칙을 지지했다. 그런데 투명성이 낮은데도 불구하고 공적

자원을 과하게 배분하다 보니 자원의 배분은 비효율적인 방향으로 흘러 사회적 불평등은 해소하지 못한 채 재정적자만 늘어났다.

특이한 것은 터키의 사례다. 이슬람 문화의 특성상 사람들은 소득의 10분의 1을 어려운 사람을 위해 나눈다. 세금으로 내는 게 아니라 자발적으로 주위의 어려운 사람들에게 베푸는 것이다. 이와 같은 종교적이고 문화적인 관습이 작동하기 때문에 정부에서 쓰는 복지비용이 매우 적음에도 불구하고 사회 전반의 안전감이 높아져, 사람들이 느끼는 상대적 박탈감은 한국보다 훨씬 낮았다.

그런데 한국은 경쟁중심 사회다. 경제성장과 물질적 부의 축적을 특별히 중요시하며 사회적 참여보다는 개인의 성공을 우선시한다. 반면에 이타심이나 자발적 자원봉사, 그리고 정치적 참여는 매우 낮았다. 이런 경쟁중심의 사회적 성격은 대만이나 일본 등 동아시아 국가들과도 공유하는 것으로서, 유교적 현세지향성 등과 관련 있는 것으로 여겨진다.

세계 불평등의 기원은 제도다

터키 출신의 MIT 경제학 교수 애쓰모글루Daron Acemoglu는 로

빈슨James A. Robinson과 공저한『국가는 왜 실패하는가Why Nations Fail』라는 저서에서 오늘날 세계 불평등의 기원을 '제도'에서 찾았다.[36] 그는 '왜 어떤 나라는 잘살게 되었는데, 어떤 나라는 빈곤을 벗어나지 못했을까'라는 질문에서 출발해 비슷한 역사적 조건에서 출발한 미국과 캐나다, 남미 국가들을 비교했다. 북미나 남미 모두 유럽인들이 건너가 오늘날의 문명을 건설했는데, 현재 두 지역의 경제적 격차는 매우 심하다. 그 이유를 추적해본 것이다.

남미로 이주했던 유럽인들이 발견한 것은 안데스 문명을 유지해온 원주민들이었다. 이들은 상당한 금은보화를 축적한 집단이었다. 그래서 유럽 이주자들은 원주민의 우두머리를 볼모로 잡아 이들의 보물을 가져오게 하고 그것을 유럽에 팔아 엄청난 차액을 남기는 방식으로 부를 축적했다. 이처럼 약탈적 제도를 정착시킨 남미에서는 극단적인 불평등이 역사적으로 구조화되었다.

북미가 잘살게 된 것은 역설적으로 환경이 너무 열악했기 때문이다. 메이플라워mayflower 호를 타고 청교도들이 처음 이곳에 도착했을 때, 많은 이들이 추운 겨울을 버티지 못하고 죽었다. 유럽에서 온 이주자들에게 늠름하게 겨울을 넘기는 원주민 인디언들은 놀라움과 배움의 대상이었다. 그래서 척박한 땅에서 어떻게 하면 인디언들처럼 살아남을 수 있을까를 고민했고, 서로 의지하면서 살아남기 위해 공정한 규칙을 만드는 데 관심을 갖게 되었다. 이에 각 개인의 노력에 따른 결과로서의 재산권을 존중하게 되었고, 각 구성원의 목소리를 소중히 여기는 풀뿌리 민주주의를 실천하게 되었다. 대서양에서 태평양까지 확장된 서부개척은 상당수의 자영농들이 희생적으로 황무지를 개간한 결과이고, 이들이 만든 부를 토대로 미국의 산업혁명이 가능해졌다. 그 후 대륙 간 철도가 개통되면서 미국사회는 완벽한 부국의 시스템을 성공적으로 갖추게 되었다.

애쓰모글루는 남한과 북한도 비교했다. 인공위성으로 두 지역을 야간 촬영한 사진을 보면, 남쪽은 전역이 밝게 빛나는 반면 북쪽은 온통 새카맣다. 하지만 분단 이전 식민지 유산으로 보면 북한이 남한보다 가진 게 많았다. 북쪽에 대규모 공장과 발전소들이 집중해 있었고 남쪽은 사실상 농업지대였다. 그러나 지금은 비교할 수 없을 정도로 남북 간 격차가 커졌는데, 그 이유 역시 애쓰모글루는 제도 때문이라고 보았다. 개인의 창의성을 인정하지 않는 착취적인 북쪽 제

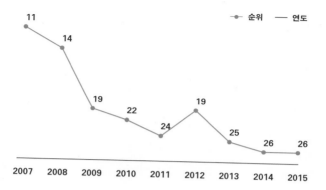

● 순위 —— 연도

11
14
19
22
24
19
25
26
26

2007 2008 2009 2010 2011 2012 2013 2014 2015

WEF 국가경쟁력 추이(2007~2015)

도, 그리고 개방적이고 개인·기업의 성과와 기여를 인정하는 남쪽 제도가 70년간 지속된 결과 지금 우리가 보는 바와 같은 차이가 나타났다는 것이다.

한국의 고도성장기에는 단순하지만 호환성 높은 제도 덕분에 경쟁력 있는 경제체제가 만들어졌지만, 지금은 그 제도의 효용성이 조금씩 떨어지고 있다. 세계경제포럼World Economy Forum에서 국가경쟁력 추이를 비교한 위 그래프를 보면, 한국은 10여 년 전만 해도 세계에서 11위였었는데 2015년에는 26위로 추락했다. 이러한 추락은 대체 어디에서 기인한 것일까?

한국경제는 강점이 많다. 인프라 투자가 충분하고 거시경제 환경이 괜찮으며, 기술혁신도 꽤 잘하는 편이다. 그래서 R&D 투자도 수준급이다. 이는 증가하는 특허 수와 확장하는 시장규모에서도 확인된다.

반면에 문제도 많다. 공공부문 성과, 기업윤리, 교육 시스템, 비즈니스스쿨의 수준, 시장질서, 비관세 장벽, 노사협조, 대체비용, 금융 서비스, 은행 건전성 등은 매우 취약하다. 그냥 취약한 정도가 아니라 세계 최하위 수준이다. 달리 표현하면 투입에 해당하는 양적인 지표들은 최고 수준이지만, 여럿이 협력해서 결과를 만들어야 하는 '제도'에 해당하는 것들은 모두 세계 최하위 수준으로 떨어져 있다. 우리의 경제 규모로 볼 때 이 정도 경제를 유지하기 위해서는 필수적인 일종의 경기규칙이라 할 만한 것들이 제대로 작동하지 않는 상태가 된 것이다.

특히 기득권을 가진 집단은 절대 그것을 양보하거나 타협하려 하지 않고, 규제를 담당한 정부 입장에서는 그 규제권을 포기하려 하지 않는다. 때문에 성장 동력이 동맥경화 증상처럼 서서히 막히고 있는 것이 현재 우리 사회의 심각한 병증이다.

그런데 이러한 문제들은 사실상 우리의 근대성 자체의 문제이기도 하다. 예컨대 영국은 마그나카르타magna carta로부터 시작해서 민주주의를 실현한 역사가 벌써 800여 년이나 되었다. 반면 우리는 1987년부터 민주주의가 제대로 시작되었으니 민주화의 측면에서도 비교하기 힘들 정도로 대단히 압축적인 역사를 가졌다. 또한 수백 년 전 시작한 유럽의 산업혁명에 비해 우리는 1960년대 이후 돌진적 산업화 과정을 거친 것에 불과하다. 비록 짧은 시간 내에 많은 것들을 성취했지만, 그렇게 높이 쌓은 성장탑 아래로 드리운 짙은 그림자가 바로 지금 우리 사회의 위험요소가 되어 있는 것이다.

사회라는 무대 뒤편의 민낯을 보다

재난은 비극이다. 그러나 사회학자의 시각에서 재난이란 사회라는 무대 뒤편의 민낯을 일순간에 드러내는 소중한 관찰의 창문이기도 하다. 어빙 고프먼Erving Goffman이라는 사회학자가 "사회는 무대 위 연극과도 같다"고 말했는데, 자기에게 주어진 역할을 수행하는 연기자와 같이 무대 위 삶을 사는

재난	일시	사망자(명)
우암상가 붕괴	1993. 1	28
구포역 탈선	1993. 3	78
목포 아시아나 추락	1993. 7	66
위도 페리호 침몰	1993. 10	292
충주호 유람선 화재	1994. 10	29
성수대교 붕괴	1994. 10	32
마포 도시가스폭발	1994. 12	13
대구지하철 공사장 폭발	1995. 4	101
삼풍백화점 붕괴	1995. 6	502

1993~1995년의 주요 재난들

인간사회를 잘 묘사한 비유다. 그런데 어느 날 갑자기 커튼
이 확 열어젖혀지면서 무대 뒤 맨 모습이 드러난 것이 재난
이라고 할 수 있다. 이와 같이 재난은 우리 사회의 민낯을 관
찰할 수 있는 창이 되기 때문에 사회학자들에게는 매우 중
요한 사회 분석의 소재가 될 수 있다.

1990년대 중반에 우리 사회에는 다양한 재난이 빈발했
는데, 93년부터 95년까지 불과 2~3년 사이에 일어난 중요

한 사건들을 살펴보면 뚜렷한 공통점이 발견된다.

당시 삼풍백화점과 성수대교가 무너졌다는 뉴스를 처음 접했을 때 재난연구자가 아니었음에도 직감적으로 들었던 생각은 바로 '시스템 실패'였다. 이를 계기로 동료들과 왜 이런 재난들이 빈발하는지에 대한 연구를 진행한 바 있는데, 그 결과는 『한국사회의 위험과 안전』이라는 책으로 출간되었다.[37] 당시에 얻은 연구결론을 간단하게 소개하면 다음과 같다.

시간은 돈, '빨리빨리'에 모든 것이 달렸으니

1990년대 재난에서 드러나는 공통점 중 첫 번째는 비용감소를 위한 높은 위험추구가 원인이라는 점이다. 고도성장기 우리 사회의 구호는 '시간은 돈'이었다. 그래서 '빨리빨리' 문화가 발달했다. 그런데 왜 그렇게 빨리빨리, 미친 듯 서둘렀는지 나중에 기업가들의 회고록에서 알게 되었는데, 바로 높은 사채 이자율 때문이었다. 당시에는 금융산업이 발달하지 않아 사채시장이 성업했다. 조선시대 고리대 못지않게 연 20~30퍼센트로 매우 높은 사채금리 때문에 급전을 빌려 쓴 기업들은 어떻게든 공사기한을 단축해서 빨리 끝내야 이익을 남길 수 있었다.

경부고속도로는 전 세계에서 가장 빠른 속도로, 가장 저렴한 비용으로 건설한 고속도로다. 그러나 이와 같은 전설적인 공사 이면에 숨겨진 사실이 바로 그로 인한 희생자들이다. 쉴 새 없는 24시간 돌관작업으로 인해 사고가 빈발해 숨진 작업자가 많았다. 현재 추풍령을 넘어가는 고갯길에는 그때 희생당한 77명 근로자들의 위령비가 서 있는 것을 볼 수 있다.

그리고 이렇게 급속도로 건설한 결과 우리나라 고속도로는 수리비용이 가장 많이 들어간 고속도로라는 꼬리표가 따라다닌다. 독일 아우토반을 예로 들면, 독일인들은 10미터를 파서 맨 아래서부터 자갈과 모래를 차곡차곡 채워 튼튼하게 마무리한다. 반면 우리는 기초를 얕게 해서 그 위에 아스팔트를 깔다 보니 조금만 지나면 금이 가고 깨져서 준공과 동시에 보수를 시작해야 했다.

요즘도 오래된 아파트에 '경축! 안전진단 통과'라는 플랜카드가 걸려 있는 것을 볼 수 있는데, 다시 말하면 안전진단에 탈락해서 불안하고 위험한 건물로 판명 났다는 것이다. 그런데도 이를 축하하는 이유는 이제 때려부수고 재건축할 수 있기 때문이다. 부동산을 재산증식의 기회로 생각하는 지극히 한국적인 발상이다.

그러나 외국은 어떤가. 뉴욕, 보스턴, 파리, 런던 등 오래된 도시를 가면 200~300년 된 건물들도 튼튼하다. 생활하기 불편하면 내부 인테리어를 바꾸거나 엘리베이터만 고쳐 사용한다. 런던의 어느 호텔에 숙박한 적이 있는데 300년도 넘은 호텔이라 난방도 잘 안 되고 라디에이터 소음도 심해서 불편했다. 그런데도 영국인들은 불평하지 않았다. 반면에 우리는 20년만 지나면 자신의 건물을 언제 부술 수 있는지를 생각한다. 우리의 근대성이 너무나 빨리빨리 바꾸는 데 익숙해져 있는 탓이다.

부실한 근대성은 한국만의 특징이 아니다. 십여 년 전 베트남에 갔는데 복잡한 교차로에 서 있자니 사람과 오토바이와 차들이 온통 뒤섞이는 탓에 무서워서 건너갈 수가 없었다. 그때 여행가이드가 하는 말이 그냥 눈감고 건너라는 것이었다. 그래서 눈을 질끈 감고 건넜더니 신기하게 다들 피해 가는 게 아닌가. 그런데 사실 우리는 한번 잘 피해간 것에 불과했다. 일상생활에서는 베트남인들끼리 많은 사고를 낸다. 그래서 그곳 교통경찰은 향을 휴대하고 다닌다. 혹시 교통사고가 나서 사람이 피를 흘리고 쓰러져 있으면 자신이 판단해 거적을 덮고 향을 피운다. 아직 숨이 끊어지지 않은 피해자인데도 말이다. 만약 119에 연락해서 응급실로 실려가 치료받다 죽게 되면 남은 가족에게는 병원비용이 폭탄과도 같기 때문이란다. 모두 사람 목숨값이 너무도 싸서 벌어지는 일이다.

우리의 지난 시절도 이와 다르지 않았다. 우리도 산업재해나 여러 가지 교통사고 등의 수많은 희생을 치르면서 고도성장을 이루었기 때문이다.

소통의 부재와 규제의 실패

90년대 재난의 이유, 그 두 번째 공통점은 집단과 제도 간 조정의 실패다. 즉 조직과 부서 간 서로 소통이 되지 않았다. 심지어는 정부부처 공무원들끼리도 그들 간의 패스워드가 있어야 커뮤니케이션이 됐다. 그래서 공무원들도 학연과 지연에 얽매이는 것이다. 그래야 일이 되기 때문이다.

지하철 4호선 '남태령의 비밀'에 대해 들어보았는가? 4호선 건설 당시 시내 구간은 지하철공사가 담당하고 시외 구간은 철도청에서 맡아 공사를 진행했다. 그런데 두 기관의 기준이 달랐다. 한쪽은 직류 시스템, 한쪽은 교류 시스템, 그리고 한쪽은 좌측통행, 한쪽은 우측통행이었다. 그래서 세상에 둘도 없는 아주 기발한 역이 만들어졌다. 남태령을 넘을 때 직류와 교류가 바뀌고 좌우가 바뀌는데 그렇게 하기 위해서 똬리굴을 만들었다. 내려가는 가속도가 붙은 상황에서 전원을 차단하고 직류와 교류가 교차하게 만든 것이다. 그래서 남태령 구간을 넘는 지하철 안에서는 불이 한번 꺼졌다 들어온다. 사실상 매번 경계를 넘는 순간 묘기 대행진이 벌어지는 것이다.

이와 같은 시스템 간 조정 실패는 우리 사회 도처에 존재한다. 2003년 대구지하철 사고가 일어났을 때 응급통신망 주파수가 정부부처나 기관 간에 서로 달라 피해를 키웠다는 반성이 일었다. 그래서 고치기로 했지만, 10여 년간 개선하지 못하다가 급기야 세월호 사건이 터졌다. 이때도 똑같은 문제가 발생했다. 해군과 해경, 교통부가 쓰는 주파수가 모두 달라서 문제해결을 신속히 하지 못한 것이다. 이렇듯 조율 시스템의 부재가 모든 사고를 더욱 증폭시킨 원인이 되었다.

90년대 재난에서 드러나는 세 번째 공통점은 규제의 실패다. 규제에는 진짜 꼭 필요한 규제가 있는가 하면 해서는 안 되는 규제도 있다. 하면 안 되는 대표적인 것이 교육이나 문화에 대한 과도한 규제다. 현재 우리나라 입시제도는 대학의 자율권을 허용하지 않고 규제를 과도하게 강화한 탓에 세계에서 가장 복잡한 시스템으로 진화했다. 규제가 강화될수록 공교육은 공동화하고, 사교육은 점점 더 내성을 갖추고 진화했다. 아마도 교육부가 10년 정도만 대학교육과 입시에 관여하지 않고 열중쉬어 하고 있으면 우리나라 교육은 자생적 질서를 찾아 정상화될 수 있을 것이다.

반면에 규제가 필요한데 제대로 하지 않아서 심각한 문제가 생기는 경우도 있다. 정권이 바뀔 때마다 규제개혁을 외치며 얼마나 많은 규제를 없앴느냐를 기준으로 기관들을 평가한다. 그리고 규제총량제라고 해서 새로운 규제를 만들려면 기존의 규제를 줄이자 하고, 규제일몰제라 해서 일정 시간이 지나면 규제가 소멸되게 한다.

그래도 규제는 점차 늘어나고 있어서 문제가 된다. 특히 창의성이나 혁신 관련 규제는 개혁이 꼭 필요하다. 반면에 절대로 줄이면 안 되는 것이 안전과 관련된 사회적 규제다. 대부분의 대형 참사는 꼭 필요한 규제를 없애거나 규제 조항을 제대로 집행하지 않아서 벌어진 것이다. 사고 현장 이면에는 모두 안 되는 일을 억지로 되게 하려고 해서 안전 규제를 무력화한 흔적이 있다.

위기는 숙성되었다

재난을 시스템적으로 이해하자면, '곳곳에서 감지되는 위험 징후들을 간과하거나 무시하다 오랜 기간 숙성을 거쳐 어느 순간 한꺼번에 특정한 시공간에서 터진 것'이라고 정의할 수 있다. 그래서 경제위기와 재난은 쌍둥이 같은 구조를 보여준다. 1997년 외환위기를 돌이켜보면 당시에는 대다수의 기업들이 여기저기에서 단기자금들을 차입해 공격적으로 선진국과 신흥시장에 투자했다.

한 대기업은 스코틀랜드에 엄청난 비용을 투자해서 영국 여왕까지 공장 기공식에 참석해 축하한 바 있다. 당시 영국 인들은 신흥공업국 한국이 쇠락한 제국에 와서 투자하는 것을 고마워했다. 그러나 나중에 투자한 돈의 출처가 홍콩 은행들이었다는 사실을 알고는 경악을 금치 못했다. 해당 기업은 홍콩 은행에서 6개월짜리 단기자금을 빌려서 스코틀랜드에 몇 년짜리 장기 프로젝트로 투자한 것이다. 그런데 은행에서 갑자기 만기연장을 해주지 않고 원금을 내놓으라고 하니 지불불능 사태가 됐고, 한국은 국가 부도 사태까지 간 것이다.

원리금 상환을 미뤄서는 안 된다. 지불 유예를 할 수는 있겠지만 무한정으로 유예할 수는 없는 노릇이다. 유예해 놓은 청구서들이 쌓였다가 한꺼번에 청구되어 날아오는 순간 부도가 나는 법이다. 그때그때 지불하면 될 일을 숙성시켜 쌓아놓았다가 사달이 나는 것이다. 고도성장이 끝나가는 90년대 중반에는 하늘과 땅, 지하 곳곳에서 대형재난들이 터졌다. 그리고 몇 년 지난 후에는 설상가상으로 외환위기까지 똑같은 방식으로 터진 것이다. 모든 것이 위기를 숙성시킨 시스템의 문제였다.

재난연구자들은 스위스치즈 모델을 예로 든다. 재난은 수많은 사전 경고들을 이해하지 못했기 때문에 일어난다는 것이다. 다음 그림처럼 스위스치즈 모양의 방호벽에 뚫린 구멍을 위험요소라고 할 때, 여러 장을 덧대면 위험은 급속히 줄어든다. 방호벽 하나가 뚫릴 확률이 10퍼센트라면 두 장을 겹치면 위험은 1퍼센트로 줄고, 세 장을 겹치면 0.1퍼센트로 줄어든다. 그러나 위험을 무릅쓰고, 제대로 감독하지

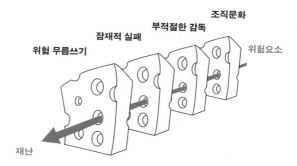

위험 무릅쓰기　잠재적 실패　부적절한 감독　조직문화

위험요소

재난

스위스치즈 모델

않고, 대충대충 넘기는 조직문화가 겹치면 다중 방호벽이 모두 무력화되고 결국은 재난으로 터지게 된다. 그런 점에서 우리가 겪은 재난은 시스템 실패의 전형이라 할 수 있다.

하인리히Herbert W. Heinrich라는 산업재해 연구자는 이를 1대 29대 300의 법칙이라고 소개했다. '하인리히 법칙'은 하나의 큰 재난이 발생하기 전에는 그와 관련해 수많은 경미한 사고와 징후들이 반드시 존재한다는 의미다. 하인리히 식으로 우리 사회가 겪은 재난을 해석하면, 모두가 예외적인 일회성 사건이라기보다는 이전에 그 재난으로 몰고 간 수

많은 위험요소들이 곳곳에 있었다는 것이다.

예를 들어 어느 날 한 부부가 아침을 먹다가 싸우고서 이혼 법정에 가서 도장을 찍고 이혼을 했다고 하자. 그러면 식사하다 다툰 게 이혼의 원인일까? 하인리히 법칙에 따르면 이 부부에게는 이혼 직전까지 가는 큰 다툼이 이미 29회 있었고, 그 외에도 300회 가량의 사소한 갈등이 있었다. 이런 전조들이 쌓이다 보니, 어느 날 아침을 먹다가 다툰 끝에 파국에 이르게 되었다는 설명이다.

단일순환 학습, 이중순환 학습

시스템 이론상 어떤 실패가 있을 때 그 실패에 대처하는 전형적인 방법은 내부에서 원인을 찾는 것이다. 이것을 조직 연구자인 아지리스Chris Argyris는 단일순환 학습single loop learning이라 불렀다.[38] 시스템의 구조와 조직운영의 전제조건을 그대로 두고 투입을 조절해 결과를 바꾸려는 것이다.

사고가 나면 책임자를 색출해 사표를 받고, 다시는 재발이 되지 않게 잘해보자고 결의대회를 하며, 때로는 조직의 간판을 바꾸어 단다. 그러나 이렇게 해도 문제해결이 안 되고 사고가 재발한다면, 시스템을 구성하는 기본전제까지 검토하고, 문제를 개방해 외부자의 시선도 볼 수 있게 해서 시스템의 변화를 꾀하는 것이 필요하다. 이를 이중순환 학습이라고 한다.

단일순환 학습과 이중순환 학습을 일상에서 살펴보자. 예를 들어 한 학생이 내게 고시공부를 하는 것에 대한 의견을 묻는다면 나는 "진정으로 자신이 선택한 것이라면 혼신의 힘을 다해 공부하라"고 조언할 것이다. 다만 "시험은 세 번만 보라"는 조건을 붙일 것이다. 한번 시험에 실패하면 반성과 검토를 거쳐 다음에는 더 열심히 공부해야 한다. 잠자는 시간을 줄이고 더 많은 문제를 풀어보는 것은 모두 단일순환 학습이다.

하지만 이렇게 하고도 세 번 이상 계속 낙방한다면, 고시를 준비한다는 생각 자체를 검토의 대상으로 삼아야 한다. 과연 공무원이 되는 것이 적성에 맞는 일인지, 혹시 자신에게 숨겨진 다른 창조적 재능이 있는 것은 아닌지 살펴 대안을 찾는 것이 현명하다.

얼마 전 유튜브에서 서울법대 2학년 재학 중 사법고시 1차를 합격할 정도로 수재였다가 이제는 지하철에서 칫솔을 파는 50년 고시 폐인에 관한 동영상을 본 일이 있다. 제때 이중순환 학습의 길에 들어서지 않은 결과다. 세 번을 지고 나면 깨끗이 포기하고 다른 길을 찾는 것이 좋다.

신학자들은 성경의 '거듭남'의 구조가 이와 똑같다고 한다. 어떤 재난이 계속 반복된다고 하면 시스템의 작동 자체를 객관화해서 재난의 원인을 살피고 시스템의 구조를 근본적으로 바꿔야 하는 것이다.

대구지하철 사고와
세월호 사고

예측할 수 없는 사고의 증가

동료들과 함께 1990년대 재난을 연구한 공저 『한국사회의 위험과 안전』이 발간된 해가 2003년 초다. 그런데 이 책이 출간되었을 때 대구지하철 화재 참사가 일어나 200명 가까이 귀한 생명이 희생되었다. 그러자 한 신문의 서평에서 이 책을 '대구 참사를 예견한 연구서'라고 소개했다. 그렇다면 우리는 예지력을 가진 연구라고 자부심을 가질 것인가, 아니면 이러한 연구에도 불구하고 재난이 반복되는 현실에 비관할 것인가. 매우 난감했던 기억이 있다. 그때 떠올린 것이 그리스 신화에 나오는 카산드라의 예언이었다.

카산드라는 미모가 뛰어난 트로이의 공주다. 그녀에게

반한 아폴론은 구애를 하면서 원하는 것은 무엇이든 들어주겠다고 유혹했다. 그러자 카산드라는 미래를 보는 능력을 달라고 했고 아폴론은 그녀에게 예지력을 선사했다. 그런데 예지력을 선물 받은 카산드라는 약속과 달리 아폴론의 구애에 냉담하게 반응했다. 이에 화가 난 아폴론은 카산드라의 말을 아무도 믿지 못하게 만들었다. 카산드라는 계속 여러 가지 예언을 했지만 주위 사람들은 그녀의 말에 코웃음을 쳤고, 그녀가 트로이가 망한다고 예언했을 때도 아무도 믿지 않았다. 결국 목마 속에 숨어 들어온 아테네 군인들에 의해 트로이는 멸망하게 된다.

사실 우리가 겪은 많은 재난을 연구하는 이들의 경험이 카산드라의 예언과 비슷하다. 위험신호를 읽고 경고하지만, 무시당하는 것이다. 정부부처나 기업에서 위험을 대비하는 역할을 맡은 이들은 권한이나 예산이 적은 한직으로 분류된다. 성실히 일해서 사고를 예방하면 겉으로는 드러나는 것이 없고, 사고가 나면 책임을 져야 하니 '잘해야 본전'이라 여기고 일 맡는 것을 기피한다.

문제는 우리 사회를 구성하는 여러 조직과 기반시설들이 과거의 단순 시스템에서 매우 정교하고 복잡한 시스템으로 진화해가고 있다는 점이다. 예컨대 원자력 발전이나 고속철도, 광통신과 네트워크 등 첨단기술을 활용하는 복잡하고 정교한 시스템이 늘어나고 있는데, 이러한 최첨단 시스템도 사고로부터 완전히 자유롭지 않다. 사전적으로 여러 가지 위험신호들이 있었음에도 불구하고 그것을 무시하고 방치했다가 나중에 터져버린 '숙성형 사고'가 과거의 사고였다면, 새로운 성격의 사고는 피할 수 없는 '정상사고'다.

사고가 정상이라니 형용 모순으로 생각할 수도 있다. 그러나 이 개념을 사용한 페로Charles Perrow 교수에 따르면 아무리 우리가 뛰어난 능력과 기술을 가지고 시스템을 설계한다 하더라도 신이 아닌 이상 오류나 실패의 확률을 0으로 만들 수는 없다.[39]

원전사고의 고전적인 사례로 평가받는 1979년 스리마일three mile 섬 원전사고를 분석한 그는 정상분포의 양극단에 존재하는 오류의 가능성이 0에 근접하되 완벽히 제거될 수는 없다고 했다. 이처럼 낮은 확률이지만 한번 터졌을 때 그 피해가 치명적인 무한대의 값이라면 그 예측되는 피해가 파국적인 사고를 정상사고라고 정의했다. 이러한 이유로 우리는 객관적 사고 확률이 매우 높은 자동차 사고나 산업재해에 비하면 그 확률이 훨씬 낮은 원전사고나 비행기 사고에 더 민감하게 반응하며 더 큰 공포감을 느끼는 것이다.

복합적이고 돌발적인 대구지하철 참사

재난의 구조는 그것을 구성하는 사건들 간의 인과관계로 분석해볼 수 있다. 선행하는 a라는 사건이 없었어도 b라는 사건이 일어날 수 있었을까 하는 식의 반사실적counter-factual 질문들을 연속으로 던져 사건들 간 인과관계를 분석적으로 따져보면, 재난의 구조 속에 자리잡은 인과관계의 성격을 A형과 B형으로 나눠볼 수 있다.

A형 사고는 선형적으로 단순하게 인과관계가 연결된 '숙성형 재난'인데, 위험을 알리는 신호들이 지속적으로 울렸음에도 불구하고 이를 무시하고 넘기다가 결국 그 위험요인들이 한꺼번에 터지는 방식으로 나타난 재난이다. 우리나라의 90년대 사고들은 대부분 이와 같은 사건구조를 보인다. 반면에 아래의 B형 사고는 복잡하게 얽힌 시스템에서 작은 오류나 실수를 계기로 복합적이고 돌발적으로 나타나는 재난의 구조를 보여준다.[40]

한국에서 B형 재난의 대표적인 예가 대구지하철 화재 사

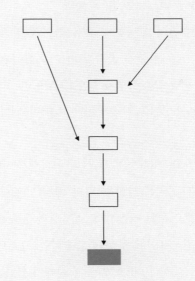

A형 사고 모형

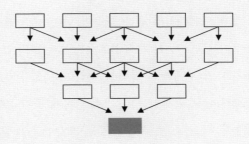

B형 사고 모형

건이다. 2003년 2월 18일 대구 중앙로역에 정차한 지하철 안에 지적 장애인이 시너통에 불을 붙여 던진 것에서 사건은 시작되었다. 승객 중 누군가가 바로 소화기를 가지고 불을 껐으면 해프닝으로 끝났을 일인데 모두가 우왕좌왕하다가 엄청난 재난으로 증폭되어 많은 피해자를 낳았다. 대체 왜 그랬을까?

전국의 지하철, 특히 지방 도시의 지하철 운행은 모두 심각한 적자상태다. 대구지하철 역시 예외는 아니었다. 인건비를 줄이려 무인운행 시스템을 계획했지만 승객들의 불안감을 고려해 결국 1인 승무원이 탑승하는 시스템으로 개통됐다. 중앙로역에서 1079호 열차에 화재가 났을 때 이 승무원은 승객들과 힘을 합쳐 열심히 불을 끄려 노력했지만, 사령실에 제때 신고하지 못했다. 뒤늦게 한 승객의 전화 신고로 화재 사실을 알게 된 사령실에서는 중앙로역으로 들어오는 1080호 열차에게 조심해서 진입하라고 지령했다. 이미 중앙로역 선로 위에서는 1079호 객차에 불이 붙어 활활 타고 있는데 말이다. 뒤늦게 상황을 파악한 사령실에서는 1080호 열차에 후진해 빠져나오라 지령을 내렸지만 허사가 됐다. 선로의 전원이 차단돼서 탈출이 불가능했기 때문이다. 화재가 나면 전원이 차단되도록 한 설계가 덫이 될 줄은 아무도 몰랐다.

승무원은 승객들에게 문을 열고 탈출하라고 방송했다는데, 아무도 문을 열고 나가지 못했다. 출입문이 열리지 않았기 때문이다. 객차 사이를 연결하는 전선 다발이 다 녹아내려서라고도 하고, 승무원이 마스터키를 빼고 탈출했기 때문이라고도 한다. 이렇게 되자 용감한 몇몇 젊은이들이 유리창을 깼고 승객들은 탈출해 검은 유독가스로 가득 찬 칠흑같은 어둠 속에서 계단을 더듬어 올라갔다. 그러나 출입구의 셔터가 내려져 있었다. 지하차도 행인들을 보호하기 위해 설계한 방화셔터가 피해자의 탈출구를 막은 것이다.

모든 것이 설계 시 의도한 바와 다른 방식으로 작동한 다중적인 '머피의 법칙' 탓에 사고 현장은 불과 20여 분 만에 200여명에 이르는 사망자를 내는 비극으로 마무리되었다. 그러나 이후 재판 과정에서 아무도 책임져야 할 사람을 밝힐 수 없었다.

복합적이고 돌발적인 대구지하철 참사를 분석한 이후 나는 하나의 가설을 만들었다. 우리나라에서는 과거의 압축적인 산업화 과정에서 축적된 문제들이 풀려나가면서 '숙성형 재난'은 점차 줄어들고 있고, 대신 '정상사고'로 대표되는 미래형 재난들이 점차 늘어날 터이니, 여기에 대비해야 한다는 것이었다. 초연결의 시대, 고속철이나 인터넷 등 모든 것이 네트워크로 복잡하게 상호작용하는 시스템으로 변해가고 있으니, 이를 기반으로 하는 재난에 제대로 대비해야 한다는 주장이었다. 그러나 2014년에 터진 세월호 사건은 이런 가설이 틀렸다는 것을 보여주었다. 그리고 한국사회는 마치 20년 전 과거형 재난의 시대로 다시 돌아간 듯했다.

세월호 사건은 시스템과 제도의 잘못

1993년 전북 부안군 위도에서 침몰한 서해 페리호 사건의 구조도 세월호 사건과 동일했다. 그때 던져진 질문이 왜 적정 기준을 훨씬 넘겨 과적했는지, 태풍 예보가 있었는데 왜 무리해서 출항했는지, 왜 구명조끼는 갑판에 묶여 있어서 응급시 사용치 못했는지 등이었다. 앞서 살펴본 스위스치즈 모델처럼 여러 겹의 안전장치들 중 한 겹만이라도 제대로 작동했다면 대구지하철 사건과 같은 극단적인 피해까지는 일어나지 않았을 것이라고 모두 안타까워했는데, 그로부터 20년 후에 똑같은 사건이 벌어진 것이다.

예고된 참사였던 세월호 사건 또한 여러 단계의 안전장치가 모두 무력화된 결과였다. 즉 세월호 사건은 예외적인 한 번의 재난이 아니라 그 사건을 구성하는 여러 요소들, 갑판 위의 노동력 관리, 해운회사의 운영과 조직문화, 연안해운을 둘러싼 규제기관의 역할, 정부의 정책 등에 이르기까지 다양한 수준의 시스템적 요소들이 결합해서 만들어진 종합 결과물이었다.[41] 이를 정리하면 다음과 같다.

청해진 해운의 고위험추구 경영 → 사고 이력이 있는 중고선박 도입 → 무리한 증축 및 구조 변경으로 인한 복원력 문제 발생 → 해양수산부 출신의 한국해운조합, 한국선급, 선박안전기술공단 장악으로 인한 규제 및 감독 소홀 → 승객관리 및 과적 관리 부실, 형식적 안전훈련, 안개 속 무리한 출발 → 선장 및 선박직 직원의 도덕적 해이 · 인적자원 관리의 부실 → 해경의 초기대응 실패: 골든타임을 놓친 응급구조 → 중앙안전대책본부의 컨트롤 타워 부재(사망자 집계를 둘러싼 혼란)

그렇다면 우리가 겪고 있는 모든 문제는 크게 보면 한 개인의 문제가 아니라 여러 사람들이 얽혀 작동하는 시스템의 특징이 발현된 것이라고 볼 수 있다. 우리 사회의 이러한 시스템적 위험을 연구한 사람으로는 라스무센Jens Rasmussen이라는 덴마크 학자가 있다.[42]

자신이 먼저 도망간 선장이나 선주인 유병언에 대한 도덕적 비난이 주를 이룬 한국적 정황과 달리 유럽의 학자들은 세월호 사건을 시스템적 시각에서 분석했다. 사실 세월호 선장의 입장에서 보면 그는 그 전날까지도 똑같은 태도, 똑같은 마음가짐으로 행동하고도 멀쩡했던 사람이다. 그는 낮은 임금에 고용된 비정규직 선장이었다. 회사는 비용을 최소화하고자 안전에 대한 노력까지 최소화했다. 비정규직 선장인 그는 자신의 노력을 최소화하는 것으로 대응했고, 그동안 아무 문제가 없었다.

선장은 그날도 전날과 변함없이 행동했는데, 하필이면 그날 시스템을 구성하는 다른 행위자들의 선택의 결과가 정해진 안전 경계를 넘어버린 것이다. 사실상 그 시스템 안에서 한 개인은 자신의 행위가 심각한 위험을 초래하는 경계를 넘는지 알 수 없다. 왜냐하면 위험은 모든 사람들의 행위가 상호작용한 결과로 나타나는 출현적 속성을 갖기 때문이다.

이러한 일을 막기 위해서는 사전에 선박 운행을 관리하는 규제기관이 호루라기를 불어 경고하고 위험을 방지하는 역할을 했어야 했다. 하지만 관피아아관료+마피아로 대표되는 엘리트 카르텔이 공고해진 결과, 안전관련 규제 기능까지 모두 마비되다 보니 참사를 피하지 못하게 된 것이다. 그러니 우리는 개인의 잘못을 비난하기에 앞서 시스템과 제도의 문제를 먼저 반성하고 해결책을 고민해야 한다.

언제나 위기였던 대한민국

시스템 실패는 재난뿐 아니라 갈등으로도 표출된다. 우리는 갈등을 무조건 나쁜 것이라고 생각하는 경향이 있지만 갈등이 가진 순기능도 있다. 갈등은 그 사회에 어떤 문제가 있다는 경고음이다. 이 경고가 해결의 동력이 될 수 있다면 갈등은 발전의 계기가 된다. 그러니까 갈등 자체가 문제가 아니라 갈등의 소지가 있을 때 그 갈등을 풀어나갈 수 있는 역량을 키우는 일이 중요하다. 이는 흡사 신체의 근육을 키우는 것과 비슷해서 우리 사회의 건강역량을 키우는 일이라고도 할 수 있다.[43]

아무 스트레스가 없는 삶이 건강하지 않은 것처럼 아무

갈등이 없는 사회가 좋은 사회라고는 할 수 없다. 갈등이 생겨나더라도 그 갈등들을 잘 풀어나가면서 그 사회의 포용력을 높여나가는 사회가 좋은 사회라 할 수 있다. 그것을 간단한 분수식으로 표현하면 다음과 같다.

$$\text{갈등} = \frac{\text{잠재적 갈등소지}}{\text{갈등해소 시스템}}$$

분자에 해당하는 잠재적 갈등소지가 많아지면 갈등이 심각해질 것이고, 분모에 해당하는 갈등해소 시스템이 왜소해도 갈등이 심해질 것이다. 여기서 잠재적 갈등소지로는 불평등, 사회적 배제, 이질성 등을 생각할 수 있고, 갈등해소 시스템으로는 복지제도, 민주주의, 사회적 공정성 등을 생각할 수 있다.

그렇다면 한국은 객관적으로 갈등의 소지가 큰 나라인가? 나는 그렇다고 생각하지 않는다. 뒤에 설명하겠지만, 우리 사회의 갈등소지는 다른 나라에 비하면 양호한 편이다. 그런데도 갈등이 빈발하는 이유는 갈등을 풀어나갈 갈등해소 시스템이 취약하기 때문이다. 요리에 비유하면 갈등거리는 많지 않은데 요리할 그릇이 작다 보니 작은 이슈에도 사회 전체가 부글부글 끓어넘치는 형상이다.

미국의 정치학자 새뮤얼 헌팅턴Samuel Huntington은 『정치발전론The Political Order in Changing Societies』(1968)이라는 저서에서 정치발전의 문제를 사회적, 경제적 원인으로부터 추적했다. 그가 예로 든 나라들은 터키, 이집트, 버마(현재의 미얀마), 태국, 한국, 칠레, 브라질 등이다. 이 나라들의 공통점은 빈번한 쿠데타였다. 헌팅턴은 60년대에 이 나라들에서 왜 쿠데타가 빈발했는지를 설명하면서, 사회 근대화와 정치·제도 근대화라는 두 가지 요소를 대비시켰다. 그 결과 사회 근대화의 속도에 비해 정치·제도 근대화가 지체되면 쿠데타가 빈발하고 폭력이 난무하게 된다고 설명했다.

$$\text{정치 불안정, 폭력} = \frac{\text{사회 근대화}}{\text{정치·제도 근대화}}$$

한국의 현대사를 보자. 4·19혁명으로 이승만 독재정권이 무너지고 선거로 선출된 민주당 정부가 집권했다. 그러나 일상화된 각계각층의 요구와 시위로 인해 혼란감이 극에 달했다. 남북대치 상황에서 무력한 정치적·제도적 거버넌스 역량을 핑계로 5·16군사정변이 일어났다.

유달영이나 함석헌 같은 상당수의 자유주의자들도 군대의 거사를 환영했다. 물론 군사정부의 집권 이후 등을 돌리게 되었지만 말이다.

그리고 60~70년대 짧은 기간 내에 인구의 절반가량이 농촌을 떠나 도시로 향했다. 이는 가히 '농촌 대탈출'이라 불릴 만했다. 매년 수십만 명이 농촌을 떠나 도시로 향했다. 이들이 청계천이나 달동네 판자촌으로 몰리면서 주택문제가 심각해졌고, 도로와 교통은 극심한 혼잡을 빚었다. 지금도 방콕이나 마닐라 등의 동남아 대도시에 가보면 도심의 한편에 판자촌들이 넓게 깔려 있는 모습을 볼 수 있다. 바로 몇십 년 전 우리의 모습이다.

1961년의 5·16군사정변이나 1972년 유신체제의 성립은 남북경쟁하에서 산업구조를 고도화하고 경제성장을 이루기 위해 사회구성원이 일치단결해야 한다는 명분으로 이루어진 헌정 중단이라고 할 수 있다.

이처럼 근대화나 경제성장은 많은 문제를 해소해주는 동시에 많은 문제를 낳는다. MIT의 앨리스 암스덴Alice Amsden은 『아시아의 다음 거인, 한국Korea, Asia's Next Giant』이라는 책의 서문에 이렇게 썼다.[44] "한국은 한 해도 위기가 아닌 해가 없었다. 매년 위기였다. 늘 이런 위기가 없었다고 하지만 그럼에도 그 위기를 성공적으로 넘기지 않은 해가 한 번도 없었다." 암스텐은 한국의 사례를 긍정적으로 표현했지만, 산업화와 도시화가 급속히 진행된 한국에서 그로 인해 수반된 문제를 풀어나갈 시스템을 만든다는 것은 심각한 문제였다. 그것이 원만치 않다고 할 때 군이 이를 명분으로 쿠데타를 일으켰다.

사실 질서를 바로잡아야 한다는 명분으로 군이 개입한 역사는 오래됐다. 로마 공화정 시기 정치지도자들이 싸워 문제를 해결하지 못하면, 무능한 대의제를 도저히 용납할 수 없다는 것을 명분으로 판을 쓸어버리고 나서는 개입자들이 있었다. 그들이 바로 집정관이다. 로마의 집정관도 군사력을 장악한 군인들이 주를 이루었다. 이들은 변경을 지키는 장군들이었지만 공화정이 질서를 유지하지 못하면 정치판을 쓸어버리며 군정을 시행했고 그러다가 질서가 회복되면 전선으로 돌아가곤 했다. 이것은 우리에게는 매우 낯익은 스토리가 아닐 수 없다.

나라나 시대마다 집정관의 모습은 조금씩 달랐다. 쿠데타로 집권한 아프리카의 독재자들은 대개 하사관 출신이었다. 리비아의 카다피Muammar Gaddafi는 대령 출신이다. 반면 한국의 박정희나 전두환은 소장 출신이었으니 그래도 한국의 집정관 수준이 좀 높았다고 하면 위안이 될까. 2016년 대한민국에서는 이른바 촛불이 집정관으로 등장했다. 선출된 대통령이 너무나 불통이고 능력이 없는 상황에서 여의도 정치권도 믿지 못하겠다고 생각한 시민들이 대통령 탄핵을 외치는 촛불을 들고 나선 것이다.

믿을 것은 가족밖에 없는 불신사회

하버드대학 경제학 교수인 로드릭Dani Rodrik도 갈등관리 능력을 경제성장의 동력으로 보았다. 그가 2차 대전 이후 독립한 나라들 중 지속적으로 경제성장을 한 나라들을 분석한 결과, 이들은 갈등관리 시스템이 잘 발달한 나라들이었다는 것이 확인되었다. 그가 잠재적 갈등소지로 꼽은 것은 경제적 불평등, 인종 및 언어 갈등, 불신 등이었고, 갈등관리 제도의 수준을 보여주는 것으로는 민주주의, 정부의 거버넌스, 복지지출 역량 등을 꼽았다.

$$\triangle \text{성장} = -\text{외부충격} \times \frac{\text{잠재적 갈등}}{\text{갈등관리 제도}}$$

로드릭의 공식을 적용해보면, 한국에서는 심각한 인종 간, 언어 간 갈등은 존재하지 않는다. 아마도 이에 근접한 것이 지역 갈등일 텐데, 이제는 우리 사회에서 지역 갈등이 많이 완화되었다. 우리는 같은 언어를 쓰는 동질적인 사회라 영어권과 프랑스어권으로 나뉜 캐나다나 흑백 인종 간 심각한 갈등을 겪는 남아공과 비교하면 갈등소지는 매우 양호한 편이다. 세계 곳곳에서 개신교와 가톨릭 간, 이슬람과 기독교 간, 그리고 불교와 힌두교 간 갈등 등이 심각한데, 그에 비하면 종교 다원주의 국가인 한국사회에서 드러나는 종교 갈등은 아직은 미미하다.

하지만 불평등 문제는 양상이 조금 다르다. 보통 불평등의 정도를 보여주는 지표로 지니계수$^{gini\ coefficient}$를 사용한다. 지니계수는 최고소득자부터 최저소득자까지 순서대로 나열했을 때의 누적분포가, 모두가 평등하다고 가정했을 때의 누적분포와 얼마나 차이가 나는지를 보여주는 지표다. 지니계수가 0.5를 넘으면 불평등 수준이 심각하다고 이야기하고, 0.6을 넘기면 소수의 부자들과 대다수의 빈곤층으로 양극화된 극단적 불평등사회라고 간주한다. 대부분의 남미, 동남아, 아프리카 국가들이 이런 극단적 불평등을 경험하고 있다. 그에 비하면 한국의 지니계수는 대개 0.27에서 0.35 사이에 있다. 이는 북유럽의 복지국가보다는 못하지만, 대부분의 유럽 국가들과 비교해서 특별히 심각하다고 하기 어려운 수준이다.

90년대 이전까지는 한국의 불평등 수준이 훨씬 낮았기 때문에 대만과 더불어 나름대로 매우 평등지향적인 고도성장을 이룬 예외적인 나라로 꼽힌 바 있다. 그러나 90년대 초 이후, 특히 외환위기를 거치면서 불평등이 점차 심화되었고, 사람들이 느끼는 박탈감도 악화되었다. 이는 앞서 언급한 지위재를 둘러싼 상대적 박탈감과도 밀접히 관련된 이슈다.

불평등보다 훨씬 심각한 문제는 바로 불신이다. 역설적으로 80년대 권위주의 시절에는 오히려 사회 각 기관에 대한 신뢰가 높았다. 민주화 직후에는 시민단체나 노조, 언론이나 종교단체 등의 신뢰도가 꽤 높았다. 그런데 최근에는 대부분의 기관 신뢰도가 모두 하락했고 유일하게 군대에 대한 신뢰만 조금 올라갔다. 사실상 군대는 '위험한 존재'에서 '연민의 대상'으로 변했다. 열악한 내무반 환경이 알려지면서 자식, 조카, 친구들이 다녀와야 할 곳이면서 사회변화에 뒤진 곳이라는 안타까움이 반영된 것이 아닌가 싶다.

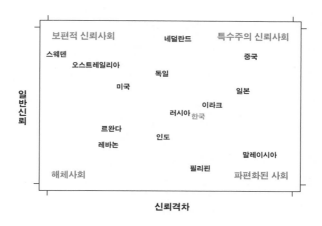

일반신뢰와 신뢰격차(2010~2014)

가장 심각한 것은 제도권에 대한 불신이다. 국회에 대한 불신이 처음 만나는 낯선 사람에 버금간다. 우리는 대통령보다 동네 구멍가게 주인을 더 믿는다. 운동경기에 비유해서 입법, 사법, 행정을 심판이라고 한다면 선수들이 심판을 못 믿는 것이다. 그렇다면 누굴 믿는가? 가족과 친구다. 이와 같은 심각한 신뢰의 적자, 그리고 신뢰의 격차가 우리 사회의 갈등해결을 어렵게 만드는 중요한 요인이다.

위 그림은 일반신뢰와 신뢰격차 간의 차이를 보여준다.

여기서 신뢰격차란 가장 강한 신뢰 대상과 가장 약한 신뢰 대상 간 신뢰하는 정도의 차이를 의미한다. 대부분의 나라에서 가장 강한 신뢰 대상이 가족이고, 가장 약한 신뢰 대상은 낯선 사람이므로 이들에 대한 신뢰 차이를 의미한다. 이 그림을 보면 한국은 보편적 신뢰사회로부터 멀어져 신뢰격차가 큰 파편화된 사회에 근접해 있는 것을 알 수 있다.

전쟁과 세월호, 세대 간 이념격차

우리나라는 인종이나 지역 갈등은 그다지 크지 않은 반면 이념 갈등이 상당히 심각하다. 물론 우리나라만 그런 것은 아니다. 현재 미국사회를 지배하는 트럼프 현상만 보더라도 그곳 또한 진보와 보수 간, 공화와 민주 간 이념격차가 과거에 비해 점점 더 커지고 있다는 것을 알 수 있다. 미국은 지금 상대 정파의 정책과 주장을 무조건 거부하고 발목 잡는 극단적 파당 정치인 '비토크라시vitocracy'에 묶여 있다.

우리 사회 이념의 양극화를 보기 위해 장기간의 빅데이터를 가지고 세대 간 이념 차이를 조사했다. 그 결과, 동일한 내용이 보고되었다. 우리 사회는 세대 간 이념 차이가 매우 크고 오랫동안 바뀌지 않았다는 것이다.

세대 차이를 보기 위해 다음과 같은 질문을 던졌다. "태어나서 직접 경험한 사건 중 가장 충격을 받았던 사건은 무엇입니까?" 이 질문에 나이 든 분들은 대개 한국전쟁을 떠올렸다. 이들에게는 전쟁의 두려움으로부터 벗어나 이렇게 안전하게 살 수 있다는 게 얼마나 큰 성취인지, 지금처럼 먹고살 수 있는 게 얼마나 큰 행복인지에 대한 간절한 공감이 있다. 이들은 '흥남철수'를 소재로 한 영화 〈국제시장〉을 보면서 눈물짓고 깊이 공감한다.

반면 젊은 층에서는 세월호 사건을 가장 충격적으로 받아들였다. 국가의 역할이 얼마나 무력한지, 정치가 얼마나 무책임한지, 우리 사회에서 젊은 사람들이 얼마나 푸대접을 받는지 등을 모두 세월호 사건을 통해 이해하는 것이다.

젊은 층의 사회적 태도는 서구 못지않게 탈물질화되었다. 탈물질주의post-materialism는 경제성장이나 튼튼한 국방 프레임에서 벗어나 평등한 사회, 소수의 발언권에 대한 존중, 양성 평등, 환경의 지속가능성, 다문화에 대한 존중 등을 주장하는 사고다. 반면 노인 세대의 태도는 지극히 물질주의materialism적이다. 부국강병과 질서유지를 우선시하고, 범죄를 소탕해 국가질서를 확고히 해야 한다고 주장한다. 이러한 물질주의적 태도는 러시아나 중국의 노인들만큼 강하다. 이와 같이 동시대를 살면서도 전혀 다른 세계관을 가지고 있으니 세대갈등이 심할 수밖에 없다.

불신의 나라,
우리는 하나가
될 수 있을까

널뛰는 한국의 민주주의

한 나라의 정치체제 특성이 얼마나 민주적인지를 보여주기 위해 '폴리티 IV 프로젝트'에 참여한 일군의 정치학자들은 그 나라의 권위 정도를 마이너스 10에서 플러스 10까지 척도화했다. 여기서 플러스 10에 해당하면 완벽한 민주주의 체제를, 마이너스 10에 해당하면 1인 독재의 전제 시스템을 의미한다.

한국의 권위 동향을 보여주는 다음 페이지의 그림을 보면, 우리는 정부 수립 후 매우 억압적인 전제정치에 근접했다가 4·19 혁명 때 급속히 그러나 잠시 민주화되었다. 그러

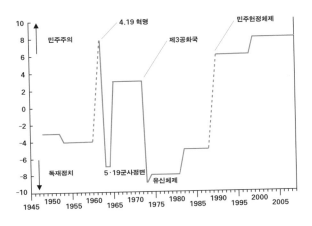

한국의 권위 동향(1948~2008)

다 곧바로 군사쿠데타를 경험해 전제정치로 돌아갔다. 제
3공화국 때 다시 제한된 민주주의를 회복했지만, 1972년
유신을 계기로 권위적인 시스템으로 전환했다. 1987년
민주화는 민주주의로의 전환을 보여주는 중요한 계기였
다. 그 이후에는 아시아에서 일본보다도 더 실질적인 민
주주의 국가로 평가받고 있다. 유럽에서 600~700년간
실험을 거친 민주주의에 비하면 고작 70년의 역사에 불
과하지만 한국의 민주주의는 그야말로 널뛰기처럼 등락

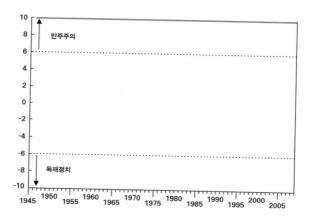

덴마크의 권위 동향(1946~2008)

을 거듭한 것을 알 수 있다.

다음 덴마크의 그래프와 비교해보면 우리나라의 굴곡이 더욱 명확해 보일 것이다. 덴마크의 지표는 참으로 일정해서 재미없는 천국처럼 보일 지경이다. 덴마크 국민에게 정부는 있는 듯 없는 듯한 존재다. 총리나 대통령은 자전거나 지하철을 타고 출근하고 국회의원들은 대개 자원봉사자로서 입법 활동에 필요한 활동비만 받고 일한다. 모든 것이 투명하고, 그 어떤 권위주의도 없다. 그러나 신뢰로 움직이는

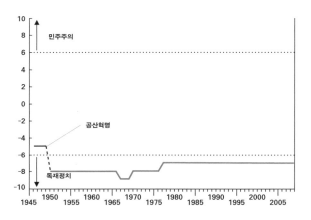

```
10
 8      민주주의
 6 ·················································································
 4
 2
 0
-2            공산혁명
-4
-6 ·················································································
-8      독재정치
-10
  1945   1950   1955   1960   1965   1970   1975   1980   1985   1990   1995   2000   2005
```

중국의 권위 동향(1946~2008)

국가 시스템은 70년 동안 일관성 있게 운영되어왔다.

중국 또한 매우 일관성 있는 양상을 보여준다. 공산혁명
이후 시진핑 시스템에 이르기까지 일당독재의 집단지도체
제로 한결같은 권위주의를 보여준다.

갈등이 최고조에 이른 불평등과 불신의 나라

여러 나라의 갈등지수를 표준화해서 점수를 낸 결과, 한국
은 OECD 국가 중에 갈등지수가 가장 높은 국가로 꼽혔다.

또한 경제학자들이 갈등지수와 GDP 간의 연관성을 계산해 보았더니 우리가 사회적 갈등으로 1년에 소모하는 비용이 수십조 원이었다. 그래서 우리의 사회적 갈등만 줄여도 국가 성장률이 1~2퍼센트 정도는 높아질 것이라고 주장하는 학자도 있다.

다음 그림은 지니계수와 불신 정도를 기반으로 한 갈등소지 대 제도적 해결역량(복지+민주주의+제도)을 살펴본 것이다. 한국은 중간 정도에 위치해 있는데, 갈등을 풀어나가는 시스템 역량이 저개발국과 비교하면 괜찮아 보이지만 OECD 국가들 중에서는 최악에 해당한다. 북유럽 국가들이 갈등거리가 없음에도 갈등해소 역량은 풍부한 '통합된 사회'라면, 프랑스나 유럽의 대륙 국가들은 '격돌형 사회'라고 할 수 있다. 프랑스에서는 데모가 일상화돼서 고등학생들도 화염병 던지는 모습을 심심찮게 볼 수 있다. 그처럼 대립적인 사회임에도 프랑스의 민주주의는 조금씩 성장해서 문제를 해결하는 제도적인 역량도 점점 커지고 있다.

그림이 보여주는 바와 같이 갈등사회와 격돌형 사회, 그리고 평화로운 무정부상태와 통합된 사회의 네 유형 중 한 가운데 위치한 한국은 지금의 갈등을 어떻게 해결하느냐에

갈등소지(지니계수＋불신) VS 제도적 해결역량

따라 그 어느 쪽으로도 움직일 수 있다. 여기서 갈등의 소지를 측정하는 데 사용된 지니계수로 표현된 불평등과 불신의 상대적 비중을 살펴보면, 한국은 불평등의 비중은 0.25로 작은 반면, 불신의 비중은 0.65로 매우 크게 나타났다. 즉 한국 사회의 특징은 불신으로 인해 갈등이 심각해진다는 것이다.

　다른 나라와 비교해보면 한국과 반대로 태국은 불평등의 비중이 0.68로서 심각한 갈등요인이라고 할 수 있다. 얼마 전에도 태국의 친정부, 반정부 세력을 뜻하는 레드셔츠와 옐

로셔츠가 태국 시내 한복판에서 총격전을 하는 모습이 보도되기도 했다. 이것은 모두 전국 토지의 70퍼센트를 17개 가문이 나눠 가지고 있는 태국의 불평등을 고려해야 이해할 수 있는 문제다.

한국은 경로의존적 변화 과정에서 등락을 거듭해온 불완전한 민주주의라고 하지만, 그래도 민주주의를 제도화한 덕에 많은 갈등을 풀어나갈 수 있었다. 특히 최근의 탄핵정국을 거치면서 한국의 민주주의는 다른 아시아 국가들이 부러워할 정도의 성능을 보여주기도 했다.

박근혜 전 대통령의 탄핵이 인용되던 날 세미나 참석차 태국에 있었는데, 그때 그 자리에 모인 동남아 학자들이 한목소리로 대통령을 탄핵할 수 있는 한국의 민주주의 역량을 부러워했다. 하지만 한국의 정부 거버넌스 역량은 여전히 취약한 편이고 복지지출은 아직까지 미미해서 재분배를 통해 불평등을 풀어나갈 충분한 역량은 갖추지 못했다.

반면에 중국은 어떠한가? 중국은 민주주의 사회가 아니기 때문에 제도역량이 매우 낮게 나타난다. 이러한 분석결과를 가지고 중국의 일당독재 정치체제가 지속가능할지 의문을 제기하는 나에게 칭화대학의 한 정치학 교수는 '중국이 일당독재를 하는 것은 맞지만 중국공산당의 당원 수가 독일 전체 인구와 맞먹는 8000만 명인데, 이런 규모의 정당이 결정하는 체제를 독재라고 할 수 있느냐'고 항변했다. 그는 '어디서 무엇을 했는지 검증되지 않은 인물이 한판 선거를 통해 최고 지도자가 될 수 있는 서구식 민주주의'를 운영하는 한국에서 역대 대통령의 운명이 모두 감옥행으로 마감된 비극의 역사에 대해 문제를 제기했다. 그리고는 학생시절에는 중국공산주의청년단원으로, 사회생활을 하면서는 조그마한 마을 조직의 리더로 출발해 여러 단계의 토너먼트와 검증을 거친 인물이 중앙 상무위원이 되고, 이들 중 한 사람이 10년동안 권력을 가질 주석에 오르는 중국 시스템의 장점에 대해 변호했다.

그에 따르면 중국의 리더십은 유교적 업적주의meritocracy와 유사한 구석이 있다. 타고난 배경보다는 평생 보여준 능력이나 실적에 따라 지도자의 지위가 결정되는 체제라는 것이다. 중국 인민들은 민주주의 체제보다 권위에 훨씬 더 순응적이다. 이것은 중국 중앙정부에 대한 중국 인민의 신뢰도가 한국 국민의 정부신뢰보다 훨씬 높은 것과도 연관된다.

그런데 따지고 보면 권위주의 시기 한국의 상황은 지금

의 중국과 유사했다. 지금 한국사회가 겪고 있는 많은 문제는 과거 투명성이 낮은데도 정부나 일반인에 대해 높은 신뢰도를 보였던 '위계적 권위주의' 모델에서 벗어나 낮은 신뢰와 낮은 투명성의 '전이지대'로 진입하면서 나타난 것이다. 아직 서구 선진국과 같은 높은 신뢰와 높은 투명성을 고루 갖춘 단계에는 진입하지 못한 상태에서 여러 가지 문제해결에 어려움을 겪고 있는 것이다.

회복탄력성, 사회의 격을 높여야

우리를 괴롭히는 문제군의 하나는 사회적 위험과 그에 따른 불안이다. 위험이 객관적으로 존재하는 것이라면 불안은 주관적으로 구성되는 것이다.

불안에도 여러 유형이 있다. 그 중 하나는 '실존적 불안'이다. 사는 것 자체가 불안의 요소가 될 수 있다. 베이비붐 세대는 나이가 차면 결혼하고 아이를 출산하고 양육했다. 그러나 결혼이나 출산을 매우 위험한 일로 인식하는 요즘 젊은이들은 결혼을 미루고 아이도 낳지 않는다. 인간의 생애 주기에서 거치는 중요한 일들까지 위험한 것으로 인식하다 보니 심지어 사람을 만나는 것 자체를 두려워하는 은둔형 외톨이까지 생겨나고 있다. 이것은 완전히 새로운 사회적 현상이 아닐 수 없다.

두 번째는 '사건적 불안'이다. 앞서 살핀 대로 삼풍백화점 사고나 세월호 참사, 대형 화재와 같은 재난은 사람들의 기억 속에 트라우마를 남긴다. 재난을 통해 사람들은 위험한 사회에 살고 있다는 사실을 떠올리게 된다.

세 번째는 '체계의 위험'이라 할 수 있는데 실업, 빈곤, 배제, 노후대비 등 사회 시스템이 만들어내는 불안이다. 네 번째는 파국적 위험으로서 전쟁이나 글로벌 금융위기, 기후변화에 따른 위험처럼 거시적이고도 체계적인 수준에서 벌어지는 위험으로 인한 불안감이다.

하지만 우리 사회의 시스템이 잘 갖추어진다면, 위험에 대비하고 서로 의지할 수 있다. 시스템이 투명하고 규칙이 신뢰할 만하면 위험요소들을 극복하는 데 도움이 되며, 기회가 공정하고 공익성이 잘 작동하는 사회에서는 문제를 해결하기도 쉬워진다. 이런 맥락에서 재난에 대한 개념도 바뀌고 있다.

과거에는 재난을 일종의 전쟁처럼 생각했다. '유사전쟁 모델'에서는 평화로운 공동체에 외부에서 날아온 폭탄이 떨어져 아수라장이 되는 것처럼 자연재난이나 인위적인 재난이 발생한다고 생각했다. 그러나 이제는 재난을 '사회적 취약성 모델'에 따라 설명한다. 같은 수준의 위험에 처한다 해도 사회 시스템이 어떻게 작동하느냐에 따라서 피해를 최소화할 수도 있고 극대화할 수도 있다는 것이다. 이것은 회복탄력성과도 긴밀히 연관된다. 사회의 품격이 높은 사회에서는 재난의 피해가 적고 재난 후 복원도 빠르다.

예를 들어 일본과 중국의 지진 피해를 비교해보자. 1995년 1월 17일 일본에서 발생한 진도 7.2의 일본 한신·아와지阪神·淡路 대지진으로 6300여 명이 사망하고 1400억 달러 규모의 재산피해가 발생했다. 그리고 2008년 5월 12일 중국 쓰촨성四川省에서는 진도 7.9의 대지진이 발생했는데 사망자가 약 7만 명, 중상자가 약 37만 명, 실종이 약 1만 8000명에 이르렀다. 진도에서 차이가 있기는 했지만 쓰촨성 대지진에서 한신·아와지 대지진보다 10배 이상의 사망자가 발생한 것은 놀라운 결과라 할 수 있다. 이런 차이는 두 사회의 시스템 차이를 빼고는 설명할 수 없다.

또한 국제적십자협회의 세계재난보고서에 따르면, 1998년부터 2007년까지 10년 동안 자연재해로 사망한 북한의 사망자 수가 남한보다 200배나 많았다. 피해는 주로 태풍과 폭우로 인한 것으로 태평양에서 시작하는 태풍은 한 반도를 관통하면서 북쪽으로 갈수록 세력이 약해진다. 그런 데도 왜 북한의 피해규모가 더욱 큰 것일까? 이 또한 북한의 취약한 시스템 문제를 빼고는 설명할 수 없을 것이다.

지금 우리에겐 '우물을 파는 리더십'이 필요하다

사회적 갈등을 해결하는 방법으로 대표적인 것은 불평등을 줄이는 복지제도, 민주주의의 확대, 공정한 사회 시스템 확 립 등이다. 이런 모든 것을 풀어나가려면 무엇보다 유능한 리더십이 중요한데, 장기적 비전을 가지고 우리 사회를 이끌 리더십이 보이지 않는다는 데 우리의 가장 큰 문제가 있다.

현재 한국의 정치는 대통령이 취임하는 순간부터, 심지 어는 같은 정당 내에서조차 미래 권력의 견제를 받는 시스 템이다. 자신의 소신을 펼치기 어려운 여건이라는 뜻이다. 그렇다 보니 사실상 우리의 문제는 대부분 장기적으로 해결 해야 하는 것들임에도 정책은 단기적이고 임기 내 결과를 보려고 하는 것들 위주다. 대통령 하나 잘 선출했다고 해서 풀릴 수 있는 문제는 거의 없다. 그만큼 사회는 복잡해졌고,

한국이 직면하고 있는 문제는 고질적이다.

각 정당이 내놓는 정책들도 차이가 거의 없다. 좋다는 것은 서로 베끼고 공유했기 때문이다. 정권이 바뀌면 강조점의 차이가 있을 뿐, 그것은 6시 5분 전과 5분 후의 차이와 같다. 그런데 정당 간 표현으로는 3시와 9시의 차이가 된다. 그래서 정권이 바뀌면 이전 정권에서 쓰던 정책을 지칭하는 용어는 금기어가 되고 다른 개념으로 포장해서 내놓지만 정작 새로운 것은 없다.

사실 현존하는 사회문제가 정권이 바뀐다고 금세 해결되겠는가? 위험과 갈등요소는 여전하고, 정책의 콘텐츠는 달라진 게 없는데 포장만 달라진다. 게다가 사방이 견제의 대상이니 모든 정권이 임기 초반에 반짝 생색낼 수 있는 일만 하게 된다.

예를 들어 비정규직 문제를 보자. 비정규직 처우개선의 일환으로 대학에 시간강사법을 만들었는데, 의도는 좋다. 보따리상인 취급받는 시간강사가 평생 안정적으로 강의할 수 있게 해주자는 것이다. 그런데 시간강사가 왜 필요한가? 안정적인 강의는 정규 교수를 채용하면 되는 것이고, 정규 교수들이 채울 수 없는 수요를 채우기 위해 시간강사들이 필요한 것이다. 그런데 시간강사법을 만들면 소수의 선택받은 강사들만 안정적으로 고용되고 나머지 강사들은 아예 강의할 기회를 잃게 된다. 의도한 바와 달리 소수의 강사를 구제하는 대신 많은 젊은 박사들의 기회는 완전히 박탈하는 결과를 낳게 된 것이다.

현재의 비정규직법이 그렇다. 젊은 사람들의 이력서는 다 1년 9개월짜리 일자리들로 채워져 있다. 1년 9개월을 넘기면 무기계약을 해야 하는데 그게 부담스러운 모든 기업이 1년 9개월이 지나면 인력을 다 내보내기 때문이다. 이처럼 의도와는 다른 결과를 낳는 법안이 생겨나는 이유는 장기적인 비전을 보지 않고 단기적인 성과를 내고자 하는 욕심 때문이다. 내 임기 동안에는 욕을 먹더라도 정말 우리 사회를 위해 필요한 일을 하는 리더십, 지금 우물을 파는 리더십이 있어야 하는데 그게 부족한 것이다.

그런데 독일의 전 총리 슈뢰더^{Gerhard Schroder}가 그 일을 해냈다. 그는 유럽의 환자라고 하는 독일의 여러 가지 문제들, 소위 독일병을 풀기 위해 4단계 노동시장 개혁 방안을 골자로 하는 하르츠^{hartz} 개혁을 시도했다. 슈뢰더는 사민당 출신으로 우리 식으로 하면 노조의 지지를 받는 총리임에도 노조에 가장 피해가 가는 정책을 집행한 것이다. 그래서 다음 총선에서 낙선하고 보수적인 기민당의 메르켈Angela Merkel이 당선되었다.

그러자 정작 하르츠 개혁으로 인한 실업문제 해결, 고용률 증가의 혜택은 메르켈 정부로 돌아갔다. 하지만 메르켈은 나중에 슈뢰더를 모신 자리에서 그를 칭송했다. 정치적으로는 서로 정적이지만 국가를 위해 필요한 개혁을 했기 때문에 독일이 유럽의 맹주, 챔피언으로 다시 올라설 수 있었다면서 박수를 보낸 것이다. 이때 많은 독일 사람들이 감동했다. 독일의 하르츠 개혁을 보면 결국 정권에게는 임기 내 성과뿐 아니라 장기적 비전의 공유가 얼마나 중요한지 알 수 있다. 이것이 바로 사회적 합의의 기술이다.

극단을 넘어서는 타협, 몽플뢰르 콘퍼런스

얼마 전에 신고리 5, 6호기 공론화위원회가 만들어져 공론화 설계와 관리의 모범을 보인 일이 있다. 원자력에 직접 이해관계가 없는 이들로 구성된 시민참여단이 전문가가 제공하는 지식과 정보를 바탕으로 충분한 학습과 토론의 숙의 과정을 거치게 한 것이다. 그렇게 해서 도출된 결과는 정부

정책에 직접 영향을 미치도록 했는데, 이것은 사실 프랑스식 합의의 기술을 벤치마킹한 것이다.

프랑스는 숙의제 민주주의 국가로 중요한 국가사업에 대해서는 국가공공토론위원회를 열어 충분한 토론을 통해 합의를 도출한다. 일정 규모 이상의 철도나 도로, 발전소, 문화·체육·관광시설 건설은 의무적으로 공공토론을 열어 불만을 가질 수 있는 지역 주민이나 시민단체가 참여하도록 하는 것이다. 그렇게 함으로써 절차상의 시간은 많이 걸리지만 과정의 정당성으로 인해 일단 정책이 시행되고 나면 국민 간 갈등이 대폭 줄어드는 효과가 생긴다. 다행히 우리나라도 이제는 이와 같은 공공토론을 점차 의무화하고 있는 추세다.

사회적 합의의 기술로 소개할 또 하나의 사례는 남아공의 '몽플뢰르 시나리오 콘퍼런스mont fleur scenario conference'다. 남아공의 경우 백인 정권이 수백 년 동안 흑인들을 노예로 삼아 차별화하는 아파르트헤이트apartheid 정책을 시행한 곳이다.

십여 년 전 남아공에 갔을 때 아파르트헤이트 박물관에서 접한 당시의 실상은 실로 끔찍했었다. 더반Durban 같은 대도시에 와서 일하려면 흑인은 2년짜리 고용허가서를 받아야 하는데, 기혼자에게도 가족 동반은 허락되지 않았다. 그리고 합숙소에 수용되어 집단생활을 해야 했고, 술도 2도짜리 맹물같은 맥주만 마실 수 있었다. 흑인들은 독주를 먹으면 안 된다는 법을 만들어 아예 취하지 못하게 한 것이다.

이처럼 일상생활까지 통제받는 인종차별 정권도 시대가 지나면서 국제적 압력하에 민주화할 것인지, 아니면 유혈충돌이 일어나더라도 백인철권 통치를 이어갈 것인지를 선택해야 하는 상황이 되었다. 그것은 사회적 갈등과 혼란이라는 측면에서 상상을 초월하는 불안을 초래했다. 백인들의 경우 가지고 있던 특권을 절대로 놓지 않겠다고 했고, 흑인들은 정권만 잡으면 백인들을 다 쓸어버리겠다는 증오와 적대감으로 들끓었다.

그렇다면 남아공 사회는 이런 극단적 갈등을 어떻게 해결했을까? 그 비결이 바로 '몽플뢰르 시나리오 콘퍼런스'다. 1991년 9월 케이프타운 몽플뢰르 콘퍼런스 센터에서 남아공의 현재와 미래 권력을 대변할 차세대 지도자 그룹 22인이 남아공의 미래를 논의하는 자리를 가졌다. 콘퍼런스 참여자는 흑인 좌파 정치가, 우파 분리주의자, 아프리카민족회의 관계자, 노동조합 관계자, 주류 경제학자, 백인 기업 임원 등 다양한 인종과 세력을 망라했다. 공통점은 이들 모두 조직의 리더가 아닌 실질적인 책임자들이라는 점이었다.

회의를 중재하는 역할은 셸Shell 그룹의 임원 아담 카헤인 Adam Kahane이 맡았다. 그는 몇 가지 대화의 원칙을 제시했는데 다음과 같다.

- 자신이나 지지단체가 '원하는 미래'에 대해 말하지 않기
- '그런 일이 일어날 것이라고 생각해'라거나 '그런 일은 절대 일어나서는 안 돼' 등과 같은 단정적이고 속단이 내포된 어법 금지
- 앞으로 일어날 수 있는 일들에 대해서만 말하기
- '왜 그런 일이 일어나는가', '그다음에는 어떤 일이 일어나는가' 등의 질문만 가능

이들은 다음 세 가지 질문에 대한 답변에 따라 시나리오를 도출했다.

1. 합의가 타결되었는가?
   그렇지 않다면 대표성이 결여된 정부가 출범할 것

2. 이행이 빠르고 결단 있게 이루어지는가?

　　그렇지 않으면 무능한 정부가 출범할 것

3. 민주정부의 정책이 지속가능한가?

　　그렇지 않으면 붕괴할 것

　그리고 도출된 시나리오를 가장 쉽게 이해할 수 있는 스토리로 만들어 국민들에게 전달했다. 시나리오 중 하나는 '타조 모델'로 이 모델은 소수집단인 백인 정부가 타조처럼 모래에 머리를 들이박고 다수 흑인들의 일을 관심 밖이라고 외면할 경우 닥칠 미래를 그린 것이었다. '이카루스 모델'은 태양을 향해 계속 날아가는 그리스 신화의 이카루스처럼 끊임없는 복수가 가져올 파국을 그렸고, '레임덕 모델'은 약체 정부가 들어설 경우의 혼란을 적나라하게 묘사해주었다.

　반면 함께 춤을 추는 '플라밍고 모델'은 서로가 조금씩 양보해서 타협하면 극단적인 주장을 하는 사람들은 불만을 가질 수 있으나 남아공 시스템은 살아남고 점진적으로 발전할 수 있는 모델로 그려졌다.

　이와 같은 모델들을 대상으로 충분한 논의가 이루어진 후에 결국 남아공 사람들은 플라밍고 모델을 선택했다. 이로써 감옥에 갇혀 있던 만델라^{Nelson Mandela}가 석방되어 대통령이 되었으며 백인 기업가들은 보복의 불안을 벗으며 안심하고 계속 투자할 수 있게 되었다.

사회통합은 우리 모두의 일

과거 우리는 효율적이고 획일적인 방식(권위주의)에 익숙했지만, 이제는 민주화되고 분권화된 사회로 이행했다. 그래서 적극적인 소통과 설득에 의한 합의가 사회적 정당성을 확보하는 데 핵심적인 사항이 되었다. 사회적 합의가 없으면 장기적으로 더 큰 갈등비용을 지불하게 될 것이다. 앞에서도 언급했듯이 문제는 갈등 자체가 아니라 갈등해결의 역량을 키우는 일이다. 그렇다면 지금 대한민국의 갈등해결 역량은 어느 수준인 걸까? 지금의 정당들이 진정으로 나라의 미래, 국민들을 생각하는 정치를 펼칠 수나 있는 것일까?

하지만 불행하게도 현재 우리 사회에서 정치인들은 유권자들을 두려워하지 않는다. 유권자들의 생활 속 문제와는 무관하게 공천자와의 관계가 더 중요하기 때문이다. 그래서 대표성이 없다. 또한 소선거구제하에서 한 표라도 더 얻으면 당선되기 때문에, 전국적인 득표율과 의석수가 서로 비례하지 않아서 비례성도 없다. 그래서 사회통합의 큰 그림을 그리기 위해서는 우선 선거법을 개정할 필요가 있다. 자신들에게 표를 주는 사람들이 가지고 있는 고민이 무엇인지 귀를 기울일 수밖에 없는 제도를 만들어야 한다.

사회통합의 목표는 역동적인 조화와 상생이다. 즉 개인이나 집단 간 균열과 갈등이 해소되고 조화를 이루는 것인데, 이를 위해서는 조건과 수단, 그리고 토대가 필요하다.

여기서 토대에 해당하는 것이 규범적 통합이다. 이는 이질적이고 각기 다른 선호를 가진 행위자들이 공통의 규칙에 대한 기대를 공유하게 해서 결과에 대한 예측가능성을 높이는 것을 의미한다. 규칙의 투명성과 법치주의, 제도에 대한 신뢰 등은 이런 의미에서 사회통합을 형성하는 핵심 토대의 역할을 한다.

통합의 수단으로는 소통이 중요하다. 여기서 소통이란 정부가 국민의 고충과 어려움에 대해 경청하는 것뿐 아니라 상이한 이해관계나 문화, 정체성을 가진 개인이나 집단 사이의 원활한 소통도 포함된다. 구체적으로는 언론의 자유와 국민의 눈높이에 예민하게 반응하는 정책적 민감성, 그리고 합리적이고 장기적인 국가 목표에 대해서는 적극적으로 국민을 설득하는 정부의 노력 등이 포함된다.

그리고 중요한 것이 체계통합이다. 이는 사회통합과 정책효과 제고의 조건으로서 정책체계 간 선순환의 고리를 만들고, 정책과 외부환경 변화와의 괴리를 해소하는 것을 의미한다. 예를 들면 성장이냐 분배냐의 이분법 대신 성장을 토대로 두 가지 이질적 요소를 통합하는 정책이 가능하다. 고용유발형 복지정책compulsory activation system은 '혜택을 받기 위해서는 최소한의 일을 해야 하는 복지 시스템'과 '가능한 최대의 인원이 일자리를 찾아야 한다는 시장경제의 성장 시스템' 간에 상호 호환성을 만들어냄으로써 성장과 복지의 선순환구조를 촉진한다. 이러한 점에서 체계통합의 사례가 될 수 있다.

지속가능한 성장은 환경보호와 경제성장이라는 일견 모순되어 보이는 두 가지 가치를 선순환구조로 촉진시킨다. 그리고 미래세대를 위해 남겨진 자원을 우리 세대가 독점적으로 다 사용하지 않고 남겨둔다는 점에서 환경정의와 세대 간 정의를 정책적으로 구현하는 또 다른 체계통합의 사례가 될 수 있다.

현재 우리 사회가 겪고 있는 문제의 큰 뿌리를 찾아본다면, 예측가능한 규칙의 공정성이 부재함으로써 비롯되는 것들이 태반이다. 따라서 사회 토대에 공정성을 깔고 사회통합적인 정책을 펴나가면서 갈등과 배제의 문제를 풀어나가야 할 것이다. 사회통합에 이르는 길은 우리 모두의 노력이 필요한 일이다.

Q 묻고

A 답하기

남아공의 '플라밍고 모델'을 한국에도
적용할 수 있을까? 혹은 한국에 필요
한 새로운 사회 모델을 들자면?

남아공에서 플라밍고 모델이 가능했던 이유는 벼
랑 끝에 선 것과 같은 심각한 위기의 절정에서 다
양한 이해집단들이 상황의 심각성을 온몸으로 느
꼈기 때문이다. 또한 극단적 입장을 가진 극좌파
와 극우파를 견제할 중도적 좌파와 중도적 우파
의 역량이 충분히 발휘되었기 때문이다. 극단적
인 정파의 목소리는 갈등을 증폭시킨다. 그리고

이념의 양극화가 갈 데까지 치달으면 사회는 파국으로 간다. 이에 플라밍고 모델은 중도 세력의 목소리가 강해져서 양극화된 갈등에서 이득을 얻으려는 극단주의자들이 효과적으로 억제되도록 하는 방안을 찾는다.

한국에서 사회적 합의에 기초한 개혁이 잠깐 시도되었던 시기는 1997년 외환위기 이후 집권한 김대중 정부 때였다. 국가 부도를 코앞에 둔 심각한 위기상황에서 국민은 금 모으기 운동으로 부족한 외화를 채우고자 했으며, 진보적인 김대중 정부는 노조의 양보를 촉구했다. 그 결과 대규모의 구조조정과 정리해고가 이루어졌고, 노사정협의 제도가 갖추어졌다.

그 이후의 개혁과 타협은 그다지 성공적이지 못했다. 마치 일본의 잃어버린 20년을 보는 것과 같은데, 이는 저강도 위기가 장기적으로 지속되다 보니 마치 점점 온도가 높아지는 냄비 속에 담긴 개구리가 뛰쳐나올 기회를 놓치고 익어버리는 것과 같은 위험요소를 잘 보여주었다.

그간 우리의 경험을 보면, 1997년 외환위기나 2007년 태안 앞바다에서 발생한 유조선 기름유출 사고와 같은 돌발적인 고강도 위기를 경험하면서 한국인은 의기투합하고 사회적 합의를 이루는 데 신속했다.

한국은 지금 장기적으로 발전하기 위해 멀리 보는 안목의 시스템 개혁이 필요하다. 그런데 개혁에는 이득을 보는 불특정 다수의 미지근한 박수보다 기득권을 잃는 집단의 격렬한 저항이 더 크기 마련이다.

성공적인 사회 모델의 특징은 친노동 정권이 노동개혁에 앞서고, 친자본 집단이 재분배에 앞선다는 점이다. 2003년 시작한 독일의 하르츠 개혁은 노동시장 유연화와 탈규제로 개혁을 주도한 진보적 슈뢰더 정권이 권력을 잃는 계기가 됐다. 그러나 이는 10년 후 독일이 높은 성장률과 고용률을 자랑하는 유럽의 강자로 부상하는 데 크게 이바지했다. 미국의 최고 전성기였던 1960년대에는 고세율·고평등·고성장이 공존했는데, 이는 70퍼센트가 넘는 소득세를 적극적으로 받아들인 1930년대 고소득층의 정치적 지지가 있었기 때문에 가능한 일이었다.

향후 한국에 필요한 사회 모델은 유럽의 노사정협의체와 같은 방식은 아닐 것이다. 높은 자영업 비율, 전체 노동자를 대변하지 못하는 낮은 조직화율 등을 고려하면, 더 폭넓은 이해관계자들이 참여하는 포괄적인 합의체제를 갖추는 것이 매우 중요하다.

4부

존경받는 기업, 살고 싶은 나라!

새로운 대한민국을 그리다

대한민국은 네트워크로 연결해 살아갈 수 있는 영토적 조건이 최상인 나라다. 이제 국민 모두가 사회적 갈등을 해결하는 일에 대승적으로 머리를 맞대고 넓은 경제 영토를 배후지로 둔 매력적인 국가를 함께 건설하는 일에 매진해야 한다. 그리하여 우리의 대한민국은 살맛 나는 곳, 머물고 싶은 곳, 우수한 제품과 창의적 예술이 살아 숨 쉬는 공간이 되어야 한다.

해답은 '사회의 품격'이다

지금 우리 사회의 시대정신은 무엇일까?

어느 시대에나 그 시대를 표현하는 시대정신이 있기 마련이다. 그렇다면 대한민국 60~70년대의 시대정신은 무엇이었을까? '우리도 한번 잘살아보자'는 것, 가난으로부터 탈출해 제대로 된 나라를 만들어보자는 의기투합이 그 시대를 지배하는 시대정신이었다. 그리고 80년대 중반 이후 경제적으로 어느 정도 여유가 생기면서 민주주의에 대한 열망이 시대정신이 되었다. 그래서 과거의 독재와 권위주의를 타파하고자 학생과 시민이 손을 잡고 민주화를 달성함으로써 아시아에서는 1등급 민주국가로 전환되었다.

그런데 민주화 이후 이 시점에서 우리 사회의 시대정신

이 무엇인지를 질문했을 때 그에 대해 쉽게 동의할 수 있는 대답을 찾기는 어렵다. 이에 대해서는 여러 의견들이 있는데 우선 '민주화 심화론'이 있다. 민주주의를 더 강화해야 한다는 것인데, 이미 민주적 제도의 틀을 다 갖춘 상태에서 민주주의를 더 강화하면 모든 것이 해결되는 것일까?

대학을 예로 들면 현재 대학에서 총장의 권위는 많이 낮아졌다. 선거로 총장이나 학장이 선출되다 보니 출마하려는 이는 학생, 직원, 젊은 조교수들의 눈치를 볼 수밖에 없다. 아랫사람에게 제대로 일을 시키지도 못한다. 학장도 똑같다. 거창한 발전계획과 기금모금을 약속하는 CEO형 총장의 비중은 커진 반면 시대와 사회가 필요로 하는 진단과 큰 방향을 제시하는 지적인 리더십을 가진 총장은 사라지고 있다.

더 많은 민주화와 더 많은 참여로 한국이 직면한 많은 문제가 해결될까? 그렇게 되면 텅 빈 국가가 될 수 있다고 경고하는 정치학자들도 있다. 참여의 폭과 범위가 확대될수록 결국 마지막 책임을 질 주체는 사라지기 때문이다. 사공이 많아지는데 배가 어디로 갈지 모른다는 딜레마가 생길 수 있는 것이다.

그렇다면 '경제성장론'이 해법일까? 과거의 고도성장기

로 돌아갈 수는 있는 것일까? 성장으로 문제를 풀 수 있었던 시대는 이제 지나갔다. 오히려 '묻지마 성장'이 낳은 많은 문제들이 우리 사회에 산적해 있다. 게다가 요즘 잘나가는 기업들의 경우, 고용 없는 성장이 태반이다. 기업이 성장하면 할수록 더 많은 기술과 공장을 해외로 이전하는 것이 경쟁력 유지에 도움이 된다. 그래서 전통적인 제조업의 경우 성장하는 기업이 많을수록 국내 산업은 점점 더 공동화가 되기 마련이다. 그런 탈산업화 산업공동화가 이미 유럽이나 미국에서는 오래전에 시작되었고, 그동안 우리가 그 덕을 보았던 것이다. 하지만 이제는 우리가 신흥개발국에 제조업 경쟁력을 빼앗기는 탈산업화 위험에 직면해 있다.

이제 국내적인 시각만으로는 성장문제를 해결할 수 없다. 밖으로 나가야만 한다. 돌이킬 수 없는 성장론을 고집해서는 문제를 해결할 수 없다.

선先진국은 선善진국이다

민주화도 경제성장도 대안이 아니라면, 지금 시대를 이끌어야 하는 시대정신은 무엇일까? 서울시립대 총장과 과학기술정보통신부 장관을 지냈던 김진현 선생은 '선진국先進國' 개념을 말한 바 있는데 나는 이것이 꽤나 타당성이 있다고 생각한다. 선진국先進國의 '앞설 선先'자를 '착할 선善'자로 바꾼 것이다. 여기서 착하다는 것은 약자에 대한 배려나 공정성, 개방성, 규율 등을 뜻한다. 2011년 〈매일경제〉에서는 이를 '선善 인프라'로 지수화해 여러 국가들을 비교했는데, 한국은 선 인프라가 상당히 떨어지는 것으로 나타났다. 선 인프라와 국민소득 간에는 매우 높은 상관관계가 있었다. 그러니까 우리가 선진국이 되지 못한 이유는 성장을 못해서가 아니라 성장을 가능케 하는 선 인프라가 약하기 때문이라는 것이다.

이후 하버드대학의 나이 교수가 소프트파워라는 개념을 제안해서 세계적으로 유명해졌는데 그것이 바로 선 인프라와 같은 개념이다. 그러면 선 인프라가 갖춰지지 않았을 때 겪게 되는 대표적인 문제들은 무엇일까? 한마디로 품격 없는 사회의 여러 증상들은 무엇일까? 바로 사회적 합의가 쉽지 않고, 타인에 대한 공감력이 부족하며, 제도와 법령을 양산하지만 제대로 작동하지 않고, 공공의 이익보다는 개인이나 집단의 이익을 우선시하는 '공유지의 비극'이 만연하는 사회다. 그래서 품격 없는 사회는 갈등이 넘쳐나는 '갈등사회', 모두가 화가 난 '분노사회'가 되는 것이다. 선 인프라를 사회학자들은 금융자본이나 인적자본과 구별되는 사회자본이라고 정의하기도 한다. 사회적인 가치가 잘 구현되는 인프라인 것이다.

선 인프라가 잘 작동하는 나라의 특징 중 하나는 행복감이 높다는 점이다. 물론 행복이란 개인들이 느끼는 것이지만, 평균적 행복감이 나라별로 차이가 크다면 개인적인 문제로만 치부할 수 없다. UN에서 발표하는 행복지수는 나라별로 그 나라 사람들이 얼마나 행복해하느냐의 평균을 보여준다. 행복을 연구하는 심리학자들은 '삶의 전반에 대해 어느 정도 만족하느냐'는 간단한 질문으로 구성된 행복감의 척도가 체계적으로 개인과 그 나라의 사정을 반영한다고 주장한다.

그동안의 연구에 따르면 한 나라 내에서는 대개 소득이 높은 사람들이 더 높은 행복감을 보이는 경향이 있지만, 국가 간 비교에서는 소득이 높은 나라라고 해서 평균적 행복감이 더 높은 것은 아니었다. 또한 평균적인 국민소득이 높아진다고 해서 행복감도 따라 높아지지 않았다. 미국의 경제학자 이스털린Richard Easterlin이 1972년부터 1991년까지 미국 국민들을 대상으로 행복감을 조사해보니, 개인소득은 해마다 증가했지만 스스로 행복하다고 생각하는 사람의 비율은 큰 변화가 없거나 오히려 감소한 것으로 나타났다. 왜 살림살이는 계속해서 나아지는데 사람들은 더 행복해하지 않는 걸까? 이것을 '이스털린의 역설'이라고 한다. 일정 수준을 넘어서면 소득이 아무리 증가해도 행복은 더 이상 증가하지 않는다는 것이다.

소득과 행복도가 비례하지 않는 이유는?

2012년 UN 데이터에서 한국의 행복지수는 41등으로 나타났다. 그리고 계속 떨어져서 2018년에는 57위가 되었다. 경제력으로 보면 우리나라는 꽤 상위권에 있어야 함에도 태국, 사우디아라비아, 쿠웨이트, 카타르 같은 곳의 행복감이 우리보다 더 높게 나타났다. 한국뿐 아니라 일본, 대만 등 동아시아 국가의 행복감이 전체적으로 낮았다. 그래서 이것을 조금 더 체계적으로 살펴보기 위해 다음 그림처럼 상관관계를 도식화해보았다.[45]

가로축에 해당하는 것이 국민소득이고, 세로축에 해당하는 것이 행복감이다. 여기서 가운데 직선이 회귀선으로, 소

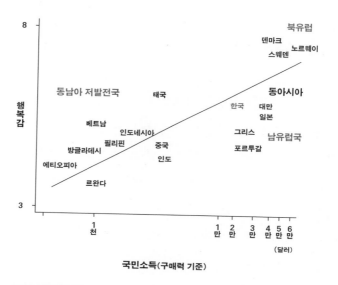

국민소득과 행복감

득과 행복도가 정확히 비례하면 모든 국가가 여기에 다 몰려야 하는데 회귀선보다 행복도가 높은 나라도 있고 낮은 나라도 있다.

보면 북유럽 국가들의 행복감이 월등히 높은데 왜 이들은 소득수준에 비해 훨씬 행복해하는 걸까? 또한 동남아시아의 저발전 국가들 중에도 베트남, 태국, 방글라데시 등의 불교국가들의 행복감도 소득수준에 비해 높았다. 그런데 경제성적에 비해 행복감이 유난히 떨어지는 곳이 동아시아 유교권, 남유럽의 가톨릭 국가들이다. 경제력만으로 행복이 설명되지 않는다는 것은 설명을 요하는 수수께끼가 아닐 수 없다.

다음 그림은 회귀선을 통제한 후 남는 행복감의 차이를 동아시아 국가와 비슷한 소득수준을 가진 다른 대륙 국가와 비교해서 보여준 것이다. 일본은 덴마크와 비슷한 소득수준인데 유난히 행복감이 떨어지고 자살률도 높다. 대만과 캐나다, 한국과 이스라엘, 중국과 콜롬비아는 모두 비슷한 소득 수준인데, 동아시아 국가들의 행복감이 훨씬 떨어진다.

물론 추세적으로 보면 소득이 높은 나라들이 더 행복하다는 것이 드러나지만, 소득 이외에도 행복에 영향을 미치는 다른 변수들이 많다. 국가 간 비교를 해보니, 투명성, 고등교육 이수율, 남녀평등, 불신, 언론자유, 공적사회 지출, 공공교육 지출, 민주주의, 가치의 양극성, 투표율, 경제적 양극화 등이 모두 행복감에 유의미한 영향을 미쳤다.

현재 우리나라에는 미래에 대한 불안이 팽배해 있고, 제도와 정부를 불신하며 현실에 불만을 갖는 사람들이 많다. 청년층은 위험은 기피하려 하고 사회적 의제에 대한 참여가 소극적이며, 변화 의지가 부족하다. 모래알처럼 흩어져 각

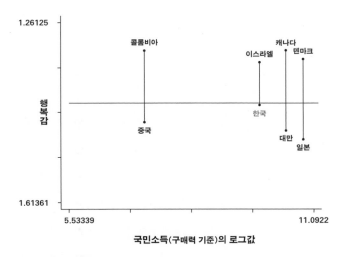

국민소득별 행복감 비교

자도생하되, 경쟁이 심하고 공동체 의식은 낮다 보니 이 모두가 행복감이 떨어지는 사회적 원인이 된다. 이는 사회의 품격이 떨어지기 때문에 겪는 증상이다. 그렇다면 '좋은 사회'는 어떤 모습일까?

미래에 대한 희망이 넘치고, 제도에 대한 신뢰가 높고, 현실에 만족하며, 적극적으로 위험을 감수해 창업과 혁신 노력을 기울이고, 참여를 통해 능동적 변화를 끌어내려는 공동체 의식이 높은 사회, 이런 사회라면 국민들의 행복감은 높아질 것이다.

사회성은 어떻게 발현되는가

우리 시대의 미래지향적인 키워드를 품격 있는 사회라고 한다면 품격의 요체는 잘 통합돼 있는 사회가 될 것이다. 통합은 기계적으로 똑같아진다는 의미가 아니라 사회성이 잘 발현되는 유연함을 갖는 것으로 정의할 수 있다. 사회성은 구성원들 간의 관계가 보여주는 구성적인 특징을 의미한다.[46] 즉 사람들 사이의 관계가 보여주는 출현적 속성이 곧 사회성인데, 예를 들면 사람들 사이에 신뢰와 공감이 넘쳐나는 사회는 응집성이 높고, 서로 불신하고 갈등하는 사회는 해체된 사회라고 할 수 있다. 그래서 공동체의 구성원들 사이에 관계가 보여주는 사회성에는 품격이 있는 것이다.

사회성을 구성하는 첫 번째 축은 개인과 공동체 간의 관련성, 즉 미시와 거시의 연계다. 한 개인은 일상에서 다른 사람들과 관계를 맺으며 살아가지만, 동시에 거시적인 차원, 즉 조직, 사회, 국가라는 공동체 속에서 그 관계를 맺는다. 그래서 개인과 공동체는 서로 분리될 수 없는 이중성을 갖는다. 즉 공동체의 특징은 개인 간의 관계에 의해서 구성되지만, 동시에 각 개인은 자신이 속한 공동체 속에서 태어나 성장하므로 그 영향을 벗어날 수 없다. 따라서 공동체는 개개인의 활력과 자율성을 방해해서는 안 되고, 개인의 창의성을 잘 살릴 수 있는 토대가 되어야 한다.

그러나 개인의 창의성과 자유가 절대화될 수도 없는데, 다른 사람들의 창의성이나 자유와 공존할 수 있으려면 공동체를 깨뜨리는 극단적인 개인주의로 가서는 곤란하기 때문이다. 결국 개인의 자유와 공동체 간에는 일방적인 압도보다는 상호 긴장의 길항拮抗관계 속에서 역동적 균형을 갖는 것이 바람직하다.

사회성을 구성하는 또 다른 축은 시스템과 생활세계 간의 관계다. 시스템이란 정부의 행정조직, 시장제도, 혹은 기업조직 등과 같이 관료제적 규칙에 따라 톱니바퀴처럼 맞물려 돌아가는 체계를 의미한다. 시스템은 예외를 인정하지 않는다. 예를 들어 국민개병제는 그 규칙하의 모든 사람이 반드시 군대를 가야 한다.

또한 합의된 법을 어기면 정해진 규칙에 따라 처벌을 받고, 복지혜택은 규칙에 따라 집행된다. 물론 모든 일이 이처럼 기계적으로 이루어질 수는 없겠지만, 당위성에 따라 규칙대로 행동하도록 요구되는 것이 시스템이다.

　반면에 사람들의 생활세계는 개인들의 감정을 표현하고, 다른 의견을 제시해 논란이 이루어지기도 하며, 때론 친밀하게 상호작용하고, 분노감이 갈등으로 표출되기도 하는 생활의 장이다. 법학자나 행정학자와 달리 생활세계를 연구하는 사회과학자는 이 생활세계가 삶의 중요한 토대라고 주장한다. 사람은 부여된 규칙대로만 살지 않으며 때로는 감정과 의지가 중요하다. 그래서 사회학자들은 타인과의 교감, 공정성에 대한 예민한 감각, 소통을 통한 공감대의 확산 등이 사회를 구성하는 토대라고 주장한다.

　그런데 만약 시스템이 생활세계와 완전히 격리되어 있어서 시민들의 생활과 무관한 규칙과 제도로 만들어졌다면 시민들은 생활에서 의미를 찾을 수 없고 소외된다. 하버마스Jürgen Habermas는 후기산업사회에서 생활하는 인간상을 과대성장한 시스템에 의해 생활세계가 식민화된 것으로 표현했다. 사회는 점점 더 정교해지고 체계화되는데, 그 속에서 사는 사람들은 더 왜소해지고 소외된다는 것이 그의 주장이다. 시스템의 과대성장은 많은 이들의 불평을 살 것이다. 사소한 불평이면 불평으로 끝날 수 있지만, 그런 불평들이 쌓이고 쌓이다 보면 언젠가는 폭발하기 마련이다.

따지고 보면 민주화가 그런 과정이다. 권위적이고 억압적으로 억누르기만 하는 시스템은 생활세계의 시민들에게 불만과 분노를 촉발시켜 저항을 낳는다. 심한 경우에는 남미의 일부 국가에서 보듯이 반정부 세력이 등장해 내전을 벌이기도 하고, 니카라과Nicaragua의 경우 기존 정부를 전복하고 새로운 정부를 만들기도 했다. 좋은 사회란 시스템과 생활세계 간에도 긴장감 있는 길항관계가 존재하되, 양자 간에 역동적 균형이 이루어지는 사회라고 할 수 있다.

'정의와 평등, 연대와 역량'을 생활 속으로

품격이 있는 사회란 앞에서 제기한 두 축, 즉 개인과 공동체 간, 그리고 시스템과 생활세계 간에 팽팽한 긴장관계를 유지하는 사회다. 이를 위해서는 첫째, 개인의 발전과 사회의 발전 간에 긴장과 균형이 필요하다. 개인은 자유와 창의를 최대로 발휘해 발전해야 하지만, 그것이 공동체적인 지향과 통합성을 유지하는 범위를 넘어서지 않아야 그 사회의 품격이 유지되고 지속가능해진다.

둘째, 생활세계의 활력과 시스템이 서로 균형을 이룰 수

있어야 갈등을 긍정적으로 승화시킬 수 있는 구조적 유연성
을 갖추게 되고 사회의 품격이 높아진다. 그래야 국가가 잘
못된 결정을 내렸을 때 많은 사람들이 밑으로부터의 참여를
통해 제도를 바꿀 수 있고, 반대로 생활세계가 너무 무질서
해졌을 때 이질성을 통합해 질서를 회복할 수 있다. 생활세
계와 시스템이 서로 영향을 주고받아 역동적으로 균형을 이
루는 곳이 품격이 있는 사회다.

그렇다면 품격이 있는 사회가 지향하는 주요 가치는 무엇
일까? 앞에 제시한 두 축을 교차하면 거시적 시스템, 미시적
시스템, 거시적 생활세계, 미시적 생활세계 등의 네 영역을
구획할 수 있는데, 각 영역마다 바람직한 가치가 존재한다.

첫째, 거시적 시스템의 지향가치는 '정의'다.『정의란 무
엇인가』라는 책으로 유명해진 마이클 샌델Michael Sandel 식으
로 이야기하면, 분배적 정의는 한 사회에서 가장 불이익을
받는 사람에게 최대 혜택이 가도록 하는 시스템을 갖출 때
구현된다. 즉 정의로운 사회는 그 사회의 가장 불리한 위치
에 있는 사람들도 최소한의 의식주 문제를 해결할 수 있고,
다양한 위험으로부터 보호받을 수 있어야 한다.

둘째, 미시적 시스템에서는 '평등'이 주요 가치다. 모든

사람이 시스템이나 제도상의 차별 없이 고른 기회를 제공받아야 하는 가치를 말한다.

셋째, 거시적 생활세계에서 구현할 가치는 '연대감'이다. 각 개인이 뿔뿔이 흩어진 것이 아니라 공동체의 구성원으로서 소속감과 응집성을 가져야 함을 의미한다.

넷째, 미시적 생활세계에서 구현할 가치는 '개인역량'인데, 이는 개인이 자율적이고 창의적으로 능력을 발휘할 수 있는 환경을 만들어야 가능한 가치다. 따라서 아마티아 센 Amartiya Sen이 말한 바와 같이 개인이 가진 '역량'을 개발할 수 있게 도와주는 사회가 되어야 한다.

결국 품격이 있는 사회가 '좋은 사회'라고 할 때 지향하는 가치는 정의, 평등, 연대, 역량이라 하겠는데, 여전히 설명이 너무 추상적이지 않은가? 그래서 여러 학자들은 그 가치를 충족시킬 수 있는 실제적 조건들에 대해 고민해왔다.

첫째, '정의'로운 사회가 되기 위해서는 사회경제적 안전성이 갖추어져야 한다. 누구나 먹고살 수 있는 일자리가 있어야 하지만 혹여 직업을 잃거나 은퇴하더라도 최소한의 인간적인 생활을 보장받아야 정의로운 사회다.

둘째, '평등'한 사회의 기초는 차별을 없애고 포용성을 높이는 것이다. 남녀 간, 인종 간, 정규직과 비정규직 간에 동일한 일을 하는데도 본인의 노력으로 바꿀 수 없는 것을 이유로 차별받는다면 곤란하다. 이런 차별을 없애야 평등한 기회를 가진 포용적 사회로 갈 수 있다.

셋째, '연대'는 구성원 모두가 서로를 신뢰하고, 공통의 투명한 규칙하에 응집성을 가질 수 있을 때 실현된다.

넷째, '역량'은 개인이 자기 능력을 마음껏 펼칠 수 있는 사회적 역능성이 갖추어져야 실현된다. 그러기 위해서는 각자 교육과 훈련을 통해 능력을 개발할 수 있어야 하며, 자신이 속한 공동체의 운명을 정하는 일에 적극적으로 참여해야 한다.

갈수록 늘어만 가는 사회적 불신

그렇다면 이렇게 이상적인 '좋은 사회'의 가치, 즉 사회의 품격에 비추어볼 때, 한국사회는 과연 좋아지고 있는가? 마침 필자는 서울대 사회발전연구소에서 대략 9년 동안 사회의 품격에 대한 공동연구에 참여한 적이 있다. 다음은 그 방대한 연구의 일부인데, 1997년 외환위기 직전부터 시작해 그 후 10여 년간 한국사회가 보인 변화의 트렌드를 그림 한 장으로 요약한 것이다.[47]

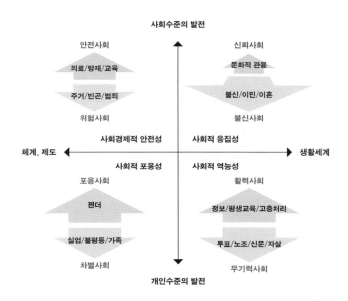

사회수준의 발전

안전사회

의료/방재/교육

주거/빈곤/범죄

위험사회

신뢰사회

문화적 관용

불신/이민/이혼

불신사회

사회경제적 안전성 | 사회적 응집성

체계, 제도 ◄──────────────────► **생활세계**

사회적 포용성 | 사회적 역능성

포용사회

젠더

실업/불평등/가족

차별사회

활력사회

정보/평생교육/고충처리

투표/노조/신문/자살

무기력사회

개인수준의 발전

한국사회의 품격(1997~2007)

앞에서 제안한 네 영역별로 분석한 결과를 살펴보면 좋아
진 측면과 나빠진 측면의 양 방향이 확연히 드러난다. 첫째,
사회경제적 안전성 영역에서는 의료, 방재, 교육 쪽의 지표
들이 조금씩 좋아져서 보다 안전한 사회로 간 측면이 있지
만 주거, 빈곤, 범죄의 문제는 조금 나빠져서 위험사회로 근
접했다. 둘째, 사회적 포용성 측면에서는 남녀 간의 차별이

줄어든 것이 긍정적인 변화지만 실업과 불평등이 증가하고, 가족 내 결속이 감소하는 등의 부정적 변화도 눈에 띈다.

셋째, 사회적 역능성 영역에서는 과거에 비해 더 많은 정보를 얻고 자기계발이나 평생교육에 대한 투자가 늘어났으며, 억울한 일을 당했을 때 참지 않고 해결하려 노력하는 일이 늘어난 점은 활력사회를 만드는 요인이 되었다. 하지만 투표율이 여전히 낮고 노조조직 비율이나 신문 구독률이 계속 떨어지고 자살률이 계속 늘어나는 것은 무기력한 사회로의 변화를 드러낸다.

이처럼 세 영역에서는 긍정적 변화와 부정적 변화가 혼재되어 있다. 그런데 심각한 것은 네 번째, 사회적 응집성 영역의 변화다. 문화적 관용이 미미하게나마 늘어난 반면 불신이 크게 늘었다. 다시 말해 사회의 품격을 보여주는 각 영역에서 긍정과 부정으로의 변화가 공존하지만 응집성의 수준에서는 불신이 압도적으로 늘어났다는 것이 전체의 변화를 요약하는 키워드다. 한국사회가 아무도 믿지 못하는 신뢰의 적자로 가고 있다는 것, 이것이 이 연구에서 발견한 가장 중요한 특징이다.

부유한 한국에서
불행한 한국인

덴마크와 한국은 왜 이렇게 다른가

그렇다면 다른 나라들과 비교해 한국사회의 품격은 어느 수준인가? 다음 그림은 한국뿐 아니라 다른 나라들과 사회의 품격을 비교해보기 위해 만든 하나의 틀이다. 앞서 제시한 개인과 공동체, 시스템과 생활세계의 두 축으로 구성된 프레임을 국가 간 비교가 가능하게 수정한 것이다. 궁극적으로 사회가 여러 가지 위험요소들로부터 구성원들을 보호할 수 있는 시스템을 얼마나 잘 갖추었는지, 각 개인이 얼마나 회복탄력성을 증진시킬 수 있는지, 그리고 시민사회의 역량이 얼마나 활성화되어 시민들의 참여가 이루어지고 있는지 등을 비교하고자 한 것이다.

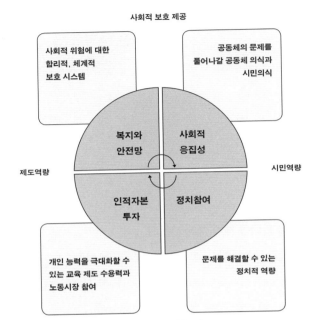

사회적 보호 제공

사회적 위험에 대한
합리적, 체계적
보호 시스템

공동체의 문제를
풀어나갈 공동체 의식과
시민의식

복지와
안전망

사회적
응집성

제도역량

시민역량

인적자본
투자

정치참여

개인 능력을 극대화할 수
있는 교육 제도 수용력과
노동시장 참여

문제를 해결할 수 있는
정치적 역량

개인 회복탄력성의 증진

개선된 사회의 품격 모델

 이 그림의 수직축을 보자. 위쪽은 정부나 사회가 나서서
사회적 보호를 제공할 수 있는 시스템을 갖춘 정도를, 아래
쪽은 개개인이 회복탄력성을 발휘할 수 있는 정도를 의미한
다. 수평축의 왼쪽이 사회적 위험에 대한 공식적 제도를 통

한 시스템적 대응, 즉 사회적 위험에 대한 합리적·체계적 보호 시스템, 개인 능력을 극대화할 수 있는 교육제도와 노동시장의 수용력이라면, 오른쪽은 공동체의 문제를 풀어나갈 공동체 의식과 시민의식, 문제를 해결할 수 있는 정치적 역량, 즉 시민사회의 역량을 의미한다.

2011년 OECD의 주요 국가들을 대상으로 여러 지표들을 검토해 사회의 품격을 평가한 결과, 가장 품격이 높은 나라는 덴마크였고, 한국은 30개 국가 중 28위로 거의 최하위였다. 한국보다 품격이 낮은 곳은 터키와 멕시코였다. 한국의 영역별 순위는 복지와 안전망에서 29위, 인적자본 투자에서 18위, 사회적 응집성에서 23위, 정치참여에서 29위였다. 이중 인적자본 투자 영역이 그나마 낫지만, 이것은 국가가 하지 않아도 학부모들이 대대적으로 사교육에 투자해서 교육비를 높인 결과다.

그렇다면 사회의 품격이 가장 높은 곳으로 평가된 덴마크와 한국은 어떤 차이를 보일까? 다음 그림에서 가운데 중심으로부터 사각형의 각 꼭지점까지 이르는 거리가 멀수록 품격이 높은 것을 의미한다. 밖으로 넓게 그려진 사각형이 덴마크의 사회적 품격의 네 차원이 그려낸 면적을 보여주는

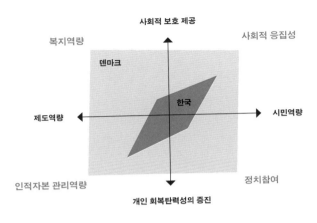

사회적 보호 제공

복지역량　　　　　　　　　　　사회적 응집성

덴마크

한국

제도역량　◄──────────────►　시민역량

인적자본 관리역량　　　　　　　정치참여

개인 회복탄력성의 증진

한국과 덴마크 사회의 질 비교[48]

반면, 가운데 좁게 펼쳐져 있는 것이 한국사회의 품격이다.
이 두 사각형의 면적 차이만큼 두 나라의 품격에 차이가 있
는 것이다.

　그런데 이미 선진국 반열에 올라선 나라와 한국사회의
품격을 직접 비교하는 것은 무리가 아니냐는 질문이 나올
수 있다. 선진국은 이미 경제성장을 했고, 사회적으로 여유
가 있으니 품격에 신경을 쓴 것 아니냐는 문제제기다. 그래
서 우리와 비슷한 소득수준이었을 때 선진국들의 사회의 품

구분	한국 2007	노르웨이 모델		유럽	
		노르웨이 1983	스웨덴 1988	독일 1991	영국 1996
1인당 GDP (달러)	22,892	22,475	23,047	22,734	22,908
평등과 분배정의 (복지, 재분배)	1.0	4.2	5.7	3.1	2.8
역량개발 (교육, 일자리)	1.0	0.9	1.0	0.8	0.9
사회적 응집성 (투명성, 평등, 신뢰)	1.0	1.9	2.0	1.4	1.4
역능성 (투표 및 정치참여)	1.0	2.1	2.2	1.5	1.8

한국과 비슷한 소득수준이었을 때 선진국 사회의 품격

격이 어떠했는지를 조사해봤다.

2007년도에 한국의 1인당 국민소득은 대략 2만 달러를 조금 넘겼는데, 선진국들의 경우 2만 달러대를 통과한 시점이 우리보다 훨씬 앞섰다. 즉 독일이나 영국의 경우 90년대에, 노르웨이나 스웨덴 등 북유럽 국가들은 80년대에 2만 달러를 넘겼다. 그래서 우리와 비슷한 경제수준이었을 때이 나라들의 사회의 품격이 어느 정도였는지를 비교했다. 그 결과, 복지정책이나 재분배를 통해 평등과 분배정의를 이룬 정도를 보니 이 나라들은 우리보다 적게는 3배에서 많게는 6배나 많은 투자를 했다. 교육과 일자리 등의 역량개발 측면에서는 이들보다 우리가 조금 더 앞섰지만, 이는 앞서 언급한 바와 같이 우리만의 남다른 교육열이 기인한 바가 크다. 그러나 투명성과 신뢰 등으로 대표되는 사회적 응집성 측면에서나 투표와 정치참여 등 시민사회의 역능성 측면에서는 선진국들이 우리와 비슷한 소득수준이었을 때에 비해 많이 뒤처져 있음이 드러났다.

그렇다면 설명의 논리가 달라져야 한다. 선진국들은 경제성장을 했기 때문에 사회의 품격이 높아진 것이 아니라 우리와 비슷한 소득수준이었을 때 이미 일정한 사회의 품격을 갖추었기 때문에 더 성장할 수 있었고, 복지국가를 만들 수 있었던 것이다. 그렇다면 어느 정도의 경제성장을 이루었음에도 사회의 품격을 갖추지 못한 한국이 선진국으로 진입하는 데는 문제가 있다고 보아야 하지 않겠는가?

품격 없는 사회는 제대로 성장하지 못하는 법

우리 사회의 경쟁은 과감한 창의적 경쟁이라기보다 소극적으로 위험을 회피하기 위한 경쟁에 가깝다. 패자부활전이 없다고 생각하기에 실패하면 안 된다. 그래서 과감하게 창의성 경쟁을 하지 못하고 모범답안이 있는 위험회피 경쟁에만 몰입하는 것이다. 그래서 젊은이들이 창업보다는 공무원 시험에 몰린다.

하지만 덴마크 등 북유럽 국가들의 경우, 잘 발달된 복지제도가 실패한 사람도 재기할 수 있는 기회를 제공하기에 자신이 원하는 것을 하고자 한다. 만약 디자인에 관심이 있는 젊은이라면 자신의 능력을 끝까지 발휘하려 한다. 실패해도 다시 재기할 수 있다는 믿음이 있기에 과감하게 도전하는 것이다. 그래서 사실상 경쟁의 치열함으로 따지면 우리 사회가 아주 심한 편이지만, 그 경쟁의 실상을 보면 모두 창의성이나 혁신과는 거리가 먼 위험회피 경쟁이라는 것, 이것이 사회의 품격과 연관해서 살펴보아야 할 우리 사회의 심각한 문제점이다.

사회적으로 투명하고 정치적 역능성이 높은 나라에서는 실력 경쟁이 활성화된다. 예를 들어 선진국에서는 채용 시에 추천서를 중시한다. 미국이 매우 공정한 사회라고 하는데 사실상 그 공정성의 기반은 추천서다. 대학진학 시에는 고등학교 교사가 추천서를 써주고 취업할 때는 지도교수가 추천서를 써준다. 명문대학에서 신임교수를 채용할 때도 추천서가 중요하고, 그 추천서의 분량도 꽤 많다. 오랫동안 지원자를 논문 지도하면서 경험한 여러 모습들을 자세히 기록하고 있어서, 평가자들은 추천서만 읽어도 지원자의 장단점을 모두 알 수 있고 그래서 그를 채용했을 때 어떤 일들이 발생할지를 예상할 수 있다.

하지만 우리는 모든 것을 점수화해야 한다. 객관적으로 채점해서 총점이 0.1점이라도 높은 사람을 뽑아야만 채용의 당위성을 인정받을 수 있다. 그렇게 하지 않으면 제소당할 위험이 크다.

오래전 내가 재직하는 대학에서 학교장 추천제를 도입한 적이 있다. 도입 의도는 학력고사 점수로 줄 세워서는 들어올 수 없는 '끼가 넘치고 발전 잠재력이 풍부한' 숨은 보물을 학교장 책임하에 추천해주면 뽑겠다는 것이었다. 그러나 평가위원으로 참여해 접한 추천서들은 모두 동일한 형식을 갖춘 천편일률적인 내용들이었다. 예컨대 "이 학생은 품행이 방정하고 두뇌가 명석하며 효성이 지극하고 성취가 탁월하며 봉사정신이 투철하다"는 식의 최상급 형용사의 나열로 일관된 것들이었다. 모두 슈퍼맨이고 슈퍼우

먼이니 그들이 진짜 어떤 학생인지 구체적인 모습을 떠올리기 쉽지 않았다.

왜 이렇게 되었을까? 결국 누구도 책임지고 추천하려 하지 않다 보니 이와 같은 상황에서는 학부모 대표, 교사 대표, 학생 대표 등을 참여시킨 추천위원회를 만들고, 성적, 리더십, 봉사활동에 대한 점수표를 만들고, 그 모든 숫자를 합산한 1등을 추천할 수밖에 없다.

그러나 형식적 합리성과 객관화된 점수가 추천제의 진짜 의도를 살릴 수는 없다. 하버드에서는 어느 학생이 짠 컴퓨터 프로그램을 보고 감탄한 평가위원이 성적이 좀 낮은 학생임에도 입학을 허가한 바 있고, SAT에서 만점을 받은 학생이 인터뷰에서 의대를 진학하려는 이유가 '더 많은 연봉을 받을 수 있어서'라고 대답했다가 탈락한 경우도 있다. 모두 우리 사회에서는 상상하기 힘든 경우다.

얼마 전에 어느 명문대학 총장님을 만났는데, 지금은 만점을 받고 졸업하는 졸업생이 수백 명이라고 했다. 4.5점 만점에 평점이 4.5점인 학생이 수백 명이라는 것이다. 이처럼 대학의 경쟁은 치열하다. 그런데 어느 그룹의 인사담당 임원에게 들으니 그룹에서는 이런 학생들은 채용하지 않는다고 했다. 만점짜리 신입사원일수록 어려운 과제를 내면 며칠 밤을 새워 두툼한 보고서를 써오지만, 정작 새로운 시도를 하려 하기보다 그 일이 왜 불가능한지에 대한 100가지 이유를 생각해온다는 것이다. 반면에 명문대 출신도 아니고 성적이 최고가 아니더라도 자기주도적인 이들은 일단 '맨손으로 바위치기' 같은 노력을 해서 어떤 틈이 있고 공략할 가능성이 있는지 현실감 있는 실패 보고서를 써가지고 온다고 했다.

사실상 실패가 없다는 것은 현실적이지 않다는 뜻이다. 그런데 우리나라 R&D 투자는 모두 100퍼센트 성공으로 발표된다. 그렇지 않으면 감사 대상이 된다. 한국연구재단이 지원하는 연구과제도 모두 100퍼센트 성공한 보고서로 귀결된다. 모든 연구는 복잡한 요구사항대로 진행되고, 예상기일대로 예산이 쓰이며, 예정한 기한 내에 마무리된다. 그런데 그토록 엄청난 투자에도 왜 R&D 기술은 산업생산의 혁신으로 이어지지 않는 것일까? 이 또한 사회의 품격과 연관된 문제라 하겠다.

사회 품격을 끌어올리는 신뢰와 창조성

일반적으로 신뢰가 낮은 사회에서는 경제적 불평등이 크다. 즉 신뢰가 낮은 사회는 조화로운 공생발전 대신 승자독점의 양상을 보인다. 이처럼 우리 사회가 공생과 동반 성장을 아무리 소리 높여 외치고 그에 걸맞은 정책을 만들어내도 실질적인 상생이 안 되는 이유는 기본적으로 사회적 품격으로서 신뢰가 매우 낮기 때문이다.

제대로 된 상생을 이루기 위해서는 불평등을 줄이는 것이 필요하지만, 그와 동시에 사회 전반의 신뢰와 투명성을 높여야 한다. 불평등과 불신은 서로 상승작용을 일으켜 약육강식의 승자독점 사회를 만들어 갈등을 증폭하며, 반대로 평등과 신뢰도 서로 상승작용을 일으켜 조화로운 공생발전으로 이끌기 때문이다.

앞서 한국사회는 창의적이지 못하고 튀는 것을 싫어하며 관용이 적은 사회라고 했다. 그렇다면 구체적으로 창조성 측면에서 우리의 문제는 무엇일까? 심리학자 김청택은 서양과 동양의 창조성 차이를 연구한 바 있는데, 그에 따르면 서양의 창조성이 수평적인 반면 동양의 창조성은 수직적이라고 했다.

개방적인 서양에서는 기존의 틀을 깨고 새로운 틀을 만들어내는 '수평적 창조성'이 강해서 남들과 똑같은 것을 부끄러워하는 문화다. 그래서 남들은 생각하지 못하는 엉뚱한 일을 벌임으로써 자신이 튀는 일을 자랑스럽게 생각한다는 것이다.

반면 동양은 튀는 일을 하면 '모난 돌'로 여겨져 정을 맞는 문화다. 동양의 창조성은 기존의 틀 속에서 새롭게 변형하는 수직적 창조성으로 쉽게 말해 모방과 잘 구별되지 않는다. 예를 들어 중국의 짝퉁 기술은 정말 대단해서 오포OPPO에서 만든 휴대폰을 보면 겉모양은 아이폰과, 화면은 삼성 휴대전화와 똑같다. 창조성을 구성하는 요소로 기술, 재능, 관용의 세 요소를 드는데, 아시아 국가들의 경우 기술수준과 재능수준은 매우 높은 반면, 관용수준은 매우 낮다.

동양과 서양의 창조성은 성격이 다르기 때문에 아시아인의 창조성이 서양인에 비해 낮다고 자학할 필요는 없다. 두 가지 상이한 창조성이 균형을 이룰 수 있게 노력하는 일이 중요하다. 다시 말해 우리에게 부족한 관용을 채우는 노력이 필요하다고 하겠다.

평등하고 투명한 복지는 언제쯤 가능할까?

좋은 사회의 조건으로 꼽히는 또 하나가 안전, 복지에 대한 투자다. 다음 그림은 국가 간 사회역량과 복지수준을 비교해본 것으로, 가로축이 시민사회역량이고 세로축이 복지투자 수준이다. 가운데 대각선은 그 나라의 시민사회역량과 복지투자가 비례하는 회귀선이다. 그래서 회귀선 아래 위치한 국가는 역량은 있는데 복지에 투자를 하지 않는 나라를 의미한다.

역량이 있음에도 투자하지 않는 대표적인 국가가 미국인데, 이들에겐 분명한 철학이 있다. 청교도 정신이 강하게 남아 있는 미국에서는 자기 삶은 개인이 알아서 책임지는 것이 바람직하며 국가가 나서서 보호해주면 게으른 사람을 보호해주는 꼴이 된다고 생각한다. 나름대로 제도와 인식 간에 일관성이 있다. 반면 북유럽 국가들은 높은 시민사회역량에 비례해서 복지에도 많은 재정을 지출한다. 연대와 평등, 참여와 신뢰를 강조하는 사회적 분위기와 높은 복지지출 사이에 일관성이 있다.

문제가 되는 것은 그리스, 이탈리아, 헝가리 등 시민사회역량보다 복지지출이 많은 동유럽, 남유럽 국가들로서, 이

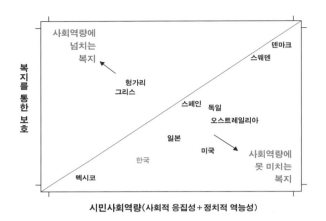

시민사회역량과 복지를 통한 보호수준

들 국가들은 재정적자로 인해 국가 부도 위기에 몰린 공통
점이 있다. 투명성이 낮고, 복지재정지출에 대한 시민적 감
시체제도 허술해서 위기를 맞은 것이다.

그렇다면 한국은 어떠한가? 시민사회역량도 안 되고 복
지지출도 매우 낮아 아직은 안전한 상태다. 그런데 지금 상
태에서 시민사회역량을 키우지 않고 재정지출을 늘리기 시
작하면 갈 길은 뻔하다. 사실 한국은 지금 복지 측면에서 매
우 위험한 전환점을 맞고 있다.

복지가 중요하지만, 무조건 복지를 주장하기보다는 그 내용을 꼼꼼히 살피는 일이 중요하다. 새로운 사회적 위험에 대비하기 위한 투자는 변화하는 환경에 맞게 미래의 변화와 혁신을 가능하게 할 꼭 필요한 영역에 집중되어야 한다. 예를 들면 일자리 훈련이라든지 실업급여, 맞벌이 부부를 위한 육아 서비스 등은 장기적으로 보면 단순 복지가 아니라 사회적 투자인 셈이다.

현재 과도한 복지로 재정위기를 겪고 있는 나라들은 대체로 연금이나 의료 등 전통적인 복지에 과다 지출한 경우다. 반면 북유럽 복지국가들은 투자형 복지에 재정을 쓰고 정교한 복지 관리 시스템을 갖춰 국민 모두가 정당한 복지 혜택을 받을 수 있도록 하고 있다. 복지 임무를 정부에만 맡기지 않고 시민들도 눈을 부릅뜨고서 내가 낸 세금이 제대로 쓰이고 있는지 감시하고 참여하는 형태인 것이다.

그래서 연금형보다 사회서비스형 복지가 늘어야 하고, 무조건적 보호보다는 회복탄력성을 늘리는 투자여야 한다. 또 분절적 혜택보다는 보편적 복지로 가야 하며, 평등하고 투명한 복지가 되어야 한다. 결국 우리 사회는 아직 갈 길이 멀다 하겠다.

지금 초연결사회가 오고 있다

우리가 앞으로 겪게 될 미래는 과거와는 질적으로 다를 것이다. 이에 대해 프랑스 시인 폴 발레리Paul Valery는 다음처럼 표현하기도 했다. "우리 시대의 문제는 과거 우리가 익숙했던 것과는 전혀 다른 모습으로 미래가 우리에게 다가오고 있다는 데 있다."

그렇다면 전혀 다른 모습의 미래는 도대체 어떤 것일까? 인간이 발휘하는 능력, 즉 지적 능력과 육체적 능력이 경제적으로 기여하는 효과를 노동생산성이라고 한다. 지난 수천 년 동안 인간의 노동생산성은 조금씩 나아져서 이제는 높은 수준이 되었지만, 큰 추세로 보면 매우 점진적이고 큰 변화는 없었다.

그런데 인간의 두뇌와 능력을 대체할 수 있는 기계와 컴퓨터의 발달 속도는 기하급수적이다. 마이크로칩의 밀도가 24개월마다 2배로 늘어난다는 무어의 법칙Moore's law도 이미 과거 일이 되어버렸다. 현재 삼성전자나 하이닉스에서 만드는 메모리칩은 손톱보다 작은 저장 공간에 수만 편의 영화를 저장할 수 있으며, CPU 성능도 급속도로 늘어나서 노트북 배터리도 며칠씩 쓸 수 있게 됐다. 5G 기술은 초고속으

로 사물을 연결하는 새로운 신세계를 기약한다.[49]

메모리 집적효율, 충전효율, 태양열 발전효율 등의 증가로 이제 인류는 인공지능과 컴퓨터의 능력이 인간의 능력을 추월하는 특이점을 눈앞에 두고 있는 실정이다. 그래서 지금 우리는 과거 인류가 수만 년 동안 겪어온 변화보다 더 급격한 변화를 1년 만에 경험하는 상황을 맞고 있다.

7만 년 전 인지혁명으로부터 시작된 인류문명은 농업혁명과 1, 2, 3차 산업혁명을 거쳐 현재 4차 산업혁명의 단계에 와 있는데, 이전까지의 혁신이 모두 물질적인 것이었다면 현재의 지능혁명은 정신까지 포함한다. 그래서 인간의 인지능력이 생산 및 소비의 전 과정과 결합해 질적인 전환이 이루어지고 있다.

인류문명의 진화에 관한 모든 것을 여기에 담을 수는 없지만 대신 최근의 한국 현대사로 국한해서 시대적 변화를 이념형적으로 비교해보자. 그것은 전기를 생산하는 발전방식, 경제의 조정방식, 정치체제, 화폐, 컴퓨터 시스템 등 거의 모든 측면에서 일관성이 있는 상동구조를 보인다.

국가주도 산업화를 이룬 60년대는 중앙집중형 모델이었다. 강력한 지도자와 정부가 목표를 정하면 일사분란하게 군대식으로 움직여 고지탈환전과도 같이 목표달성을 위해 함께 의기투합하는 형태다. 전기 생산에서는 원자력 발전이 이 모델을 대표한다. 거대 용량의 발전소를 대도시에서 멀리 떨어진 바닷가에 세우고 그것을 대규모로 소비하는 수도권까지 가져오려면 역시 대규모 송전탑을 세워야 한다.

그런데 이후 사회가 민주화되고 분권화되면서 탈집중화가 대세가 되었다. 대규모 송전탑 건설에 대해 통과지역 주민들의 반발이 거세졌다. 많은 사회적 갈등비용을 치러야 하는 상황이 되다 보니 지역별 열병합 발전소가 더 효과적인 시대가 됐다. 그런데 앞으로는 완전 분산된 전기 생산이 가능해질 전망이다. 말하자면 집집마다 각자 필요한 전기를 태양전지판 몇 개로 해결할 수 있는 시대로 가고 있는 것이다.

경제조정이나 생산도 지금과는 다른 방식으로 바뀔 것이다. 필요한 것은 모두 자기가 만들어 쓸 수 있고 남는 것을 교환할 수 있기 때문이다. 최근 비트코인이 한참 논란이 됐는데, 기술 자체가 아닌 교환시장이 만들어낸 투기적 성격 때문에 정부가 나서서 규제해야 할 부분이 있지만, 블록체인의 미래지향적 잠재력을 무시할 수는 없다. 만약 모든 개별 노드node들이 동시에 연결돼서 누구도 속일 수 없는 형태의 신뢰성 있는 장부를 공유하고 이를 기반으로 다양한 거래를 할 수 있게 된다면, 블록체인은 정부 없는 나라, 위계 없는 조직, 중앙은행 없는 화폐유통이라는 새로운 사회를 여는 기반이 될 수 있기 때문이다.

사물인터넷과 공유경제의 부상

미래학자 리프킨Jeremy Rifkin이 자신의 저서 『한계비용 제로 사회』에서 말한 것이 바로 새로운 차원의 세상이다. 한계 비용 제로라는 것은 개인을 연결하는 다양한 형태의 네트워크에 대한 투자가 충분히 이루어지고 나면, 자신이 필요로 하는 것들을 스스로 생산하는 데 들어가는 비용이 최소화되는 상황을 의미한다. 그래서 한계비용 제로가 기존의 생산체제를 벗어나 자급자족 사회를 가능케 할 것이라는 주장이다. 생활의 모든 것, 예를 들면 가재도구부터 사무실까지 모두 무선으로 연결되고 다 자체적인 에너지원을 가지고 있어 각자가 그 안에서 최적화된 알고리즘을 만들어 생활을 유지할 수 있는 사회가 되는 것이다.

현재 그런 실험들이 곳곳에서 일어나고 있다. 공유경제가 그렇다. 공유경제는 2008년 하버드대학의 레시그Lawrence

Lessig 교수가 처음 사용한 개념으로, 한 번 생산된 제품을 여럿이 공유해 쓰는 협력적 소비의 경제를 뜻한다. 바야흐로 소유 중심의 교환가치보다 접속 중심의 공유가치가 더욱 중요해지면서 사무실이나 자동차, 잉여 물건이나 자원, 아이디어 등을 공유하는 일이 점점 자연스러워지고 있다. 이제는 에어비앤비 같은 숙박 공유업체가 올리는 매출이 전 세계 대규모 호텔 체인을 압도하고, 해외에서는 택시 대신 우버를 이용한다. 하지만 한국에서는 공유경제가 견고한 규제와 기득권의 반대로 막혀 있어서 답답한 상황이다.

기술적 진화와 맞물려 사회적 공유가치가 중요해지는 시대적 전환의 추세는 매우 뚜렷한데, 사실 이것은 새로운 것이라기보다 매우 '오래된 미래'라고 생각한다. 사회적 가치를 가장 잘 보여주는 사례를 우리는 300년 전 경주 최부잣집에서 찾을 수 있기 때문이다. 최부잣집 가문의 육훈六訓을 보면 '만 석 이상의 재산을 모으지 말 것', '흉년기에 땅을 사지 말 것', '주변 백 리 안에 굶어죽는 사람이 없게 할 것' 등의 덕목이 있다. 인류 역사를 보면 이와 같은 사회적 가치에 대한 인식은 사실상 어느 사회나 어느 경제 시스템에서나 존재했다.

프랑스의 인류학자 모스^{Marcel Mauss}는 시장에서의 교환 대신 서로 선물을 교환함으로써 물질적 필요를 충족하는 오래된 경제활동을 '선물경제'라고 개념화한 바 있다. 예를 들어 조선시대 양반가에서 쓰이던 물건들은 대부분 선물로 받은 것이었다. 물건을 받고 바로 같은 가치를 가진 것으로 되값으면 경제적 교환이 되지만, 선물을 받은 즉시 똑같은 것으로 되갚지 않고 호의에 깊이 감사를 표한 후, 나중에 다른 선물로 보답하는 것이 선물경제의 특징이다. 인류 역사를 보면 어느 문화에서나 이와 같은 선물 교환의 규칙이 오랫동안 경제생활을 지배해왔다. 지금과 같은 시장경제가 자리잡게 된 것은 고작해야 근대사회 이후라 하겠다.

경쟁에서 '공존'으로, 성장에서 '가치'로

GDP를 넘어 새로운 가치의 사회로

UN에서는 최근 지속가능한 발전에 대한 17가지 목표를 제시한 바 있다. 이것은 경제적 측면, 사회적 측면과 함께 환경적 측면을 포괄하는 목표들로, 지속가능한 사회를 만들기 위해서는 경제적 효율성도 중요하지만 공동체 구성원들과의 통합과 함께 지구 환경에 대한 책임도 중요하다는 생각을 담고 있다.

〈UN의 지속가능 발전 방안〉

1. 빈곤퇴치 2. 기아해결 3. 건강과 웰빙 4. 좋은 교육 5. 양성평등 6. 깨끗한 물과 위생 7. 싸고 깨끗한 에너지 8. 좋은 일자

리와 성장 9. 산업혁신과 인프라 10. 불평등 감소 11. 지속가
능한 도시와 공동체 12. 책임 있는 소비와 생산 13. 기후변화
대비 14. 해양자원 보존 15. 육상 생태계 보호 16. 평화, 정
의, 책임 있고 포용적인 제도 17. 글로벌 파트너십

그동안 사회발전을 측정하는 가장 중요한 지표는 국내
총생산을 뜻하는 GDP였다. 성장과 발전은 곧 GDP를 높이
는 일과 동일시됐다. 그러나 이제 GDP는 사회의 바람직한
가치를 측정하는 지표로서의 기능을 잃어버렸다. GDP는
1930년대 대공황 시기에 쿠즈네츠Simon Kuznets라는 경제학자
가 만든 개념으로, 당시의 시대적 합의를 표현한 지표였다.
그때는 GDP를 늘리면 소득이 늘고 많은 문제가 해결되며
국민들이 행복해진다는 데에 대한 공감이 있었다. 하지만
진정 그러할까?

GDP의 맹점은 속속 드러나고 있다. 예컨대 2007년 충남
태안반도에서 벌어진 유조선 기름유출 사고는 우리나라의
GDP를 늘려주었을까, 줄여주었을까?

GDP는 환경적 가치를 포함하지 않는다. 환경에 대한 고
려 없이 화폐화된 교환가치만 따지기 때문에 사고로 발생한

벌금, 피해 보상액 등을 따지면 GDP가 높아진다. 그렇다면 GDP에서 빠진, 화폐화된 장부로 거래하지 않은 것들은 어떻게 될까? 이른바 맨손 어업 같은 것들 말이다. 태안 지역 어촌 노인들이 호미로 굴을 캐서 시장에 팔면 매일 몇 만 원씩 받던 현금, 그 소득원이 다 없어졌는데 그것은 계산되지 않았다. 엄마가 아이들을 정성껏 사랑으로 키워 아이가 올바르게 성장해도 GDP와는 아무 관계가 없는데, 만일 엄마가 아이를 유아원에 맡기고 원비를 내면 GDP가 늘어난다. 유아원에서 아이를 학대하더라도 말이다.

이에 대한 반성이 삶의 질에 대한 관심으로 나타났고 GDP를 넘어서는 가치를 고려하게 만들었다. 그래서 사회적 배려나 환경에 대한 관심이 점차 커지게 되었고, UN에서도 지속가능한 발전을 이룰 수 있는 지표운동을 펼치게 된 것이다. 전 세계 모든 나라가 이러한 새로운 지표운동에 동참하고 있는데, 한국도 예외는 아니어서 통계청 홈페이지에 가보면 '국가주요지표'를 만들고 관리하는 것을 알 수 있다.

사실 따지고 보면 지금 UN이 제시한 지속가능 목표의 문제의식, 한국정부의 관심, 과거 최부잣집의 육훈의 세계관 등은 서로 다른 것이 아니다. 모두가 트리플 바텀 라인triple bottom line이라고 이야기되는 사회, 경제, 환경 영역의 조화로운 가치를 지향한다는 점에서 공통적이다.

가치의 혁신, 경쟁 없는 곳으로 나아갈 것

자본주의의 양상도 달라지고 있다. 고전적인 자본주의는 자유방임주의로, 정부는 절대 시장에 개입하면 안 됐다. 그러던 것이 1929년 대공황을 거치면서 정부가 나서 노동시장에 개입하고 거시적인 시장 환경을 만들어내는 국가 주도의 수정자본주의로 변화했다. 이렇듯 사회주의가 아니더라도 정부 역할을 매우 중요하게 생각하는 시대가 오랫동안 지속되다가 1980년대 미국의 레이건 대통령과 영국의 대처 수상이 집권한 이후 완전한 신자유주의 경제체제가 굳어지게 되었다. 모든 것을 시장에 맡기는 흐름이 한동안 힘을 발휘한 것인데, 2008년 세계 금융위기를 겪으면서 자본주의는 또 한 번 길을 바꾸게 된다.

이제는 시장과 기업이 공생의 생태계를 만들어 정부도 시장과 유기적인 상호작용을 이루어야 하며, 이를 위해 새로운 기준이 필요하다는 반성이 자본주의의 심장부라고 할 월스트리트에서부터 시작됐다. 또한 세계적 갑부 빌 게이츠는 '창조적 자본주의'를 주장하기에 이르렀는데, 그 요지인 즉슨 인류가 겪고 있는 빈곤, 불평등, 전쟁 등의 많은 문제를 해결하는 가장 효율적인 방법을 찾는 자본주의를 하자는 것이다. 누군가는 이를 포용적 자본주의라고 하고, 온정적 자본주의라고 말하기도 한다. 실로 우리가 생각했던 삶의 가치가 근본으로부터 바뀌어가고 있는 것이다.

최근에 매우 흥미롭게 읽은 책이 김위찬 교수의 『블루오션 시프트』인데, 이 책의 논리가 바로 가치의 혁신이다. 이제는 예전처럼 남들을 죽이는 경쟁 혹은 파괴적인 혁신을 할 게 아니라 눈을 돌려 이전까지 우리가 인식하지 못했던 새로운 블루오션을 찾아야 한다는 것이다. 예를 들어 기업은 이윤이 아닌 사회적 가치를 함께 추구하는 게 장기적으로 그 기업의 생존과 성장에 도움이 된다는 주장이다.

그 대표적 사례가 펩시콜라 인도다. 소비자층을 피라미드 구조로 표현한다면 그 정점에는 부자 나라의 고소득층이 있지만, 펩시콜라 인도의 소비자층은 하루에 1달러도 안되는 돈으로 먹고살아야 하는 빈곤한 나라의 국민들이다. 이 사람들의 특징은 가난하지만 대단히 넓은 층이어서 인구가 많다는 점이다. 이들을 대상으로 펩시콜라 인도는 철분을 대폭 보강한 음료수를 만들어 판다. 영양이 풍부한 선진국 국민에게는 당분이 많이 들어간 음료를 파는 반면, 영양이 부족한 가난한 나라의 국민들에게는 영양제가 되는 음료를 파는 것이다. 제품을 많이 팔수록 그들의 건강을 높여준다는 발상의 전환이 돋보이는 아이디어가 아닐 수 없다.

즉 사회문제를 포착하고 해결하겠다는 지향을 가질 때 기업들은 존경받으면서 돈을 벌게 되는데 이것이 블루오션이고 혁신도 이런 방식으로 하자는 것이 김위찬 교수의 주장이다. 지금까지의 기업이 전통적 영리기업의 위상을 지녔다면, 이제 가치추구형 혁신기업으로 자리바꿈함으로써 광의의 사회적 기업이 될 수도 있는 것이다.

열린 네트워크와 사회적 정당성

조직의 구조와 역할은 동심원으로 표현될 수 있다. 한가운데 위치한 것은 합리적 체계인데, 이에 속하는 기업은 늘 재무적인 성과와 효율성을 중시하는 체제다. 그다음 층위는 자연 체계로 여기서는 인화와 조직문화, 그리고 응집성 등 인간관계가 매우 중요하다. 그리고 제일 바깥은 열려 있는 체계다. 기업, 대학, 언론조직 등이 모두 열린 체계로서의

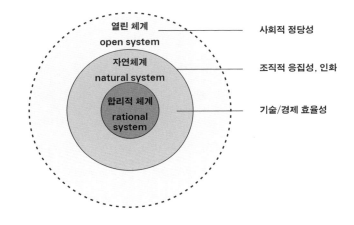

열린 네트워크와 사회적 정당성

특징을 갖는데, 이 체계의 가장 중요한 특징은 사회적 정당
성을 요구받는다는 점이다.

　예를 들어 서울대학교의 구성원은 정확히 누구를 지칭
하는 것일까? 서울대학교의 학생과 교직원인가? 그렇다
면 학부모와 졸업생은 구성원이 아닌가? 그런데 서울대
학교에 관한 언론 기사에 가장 민감하게 반응하는 이들은
입학을 희망하는 고등학생과 그들의 부모다. 이처럼 열린
시스템에서는 외부에 존재하는 이해당사자들을 만족시키

지 않으면 그 체계 자체가 존속할 수 없다. 기업도 대학도 마찬가지다. 그래서 정당성의 문제가 중요하다. 그리고 점차 개방적인 초연결사회로 갈수록 정당성의 문제는 점점 더 중요해질 것이다.

전통적으로 영리기업은 효율성과 이윤만을 추구하고 비영리 조직은 정당성만 추구하면 됐다. 하지만 최근 들어 각광받는 사회적 기업은 전통적 비영리 조직이 해온 바와 같이 사회적 가치를 추구하되, 효율성과 이윤도 함께 추구하는 쪽으로 새로운 영역을 개척했다. 그리고 한국의 대기업에도 재무적 가치와 사회적 가치를 함께 달성할 수 있는 블루오션, 즉 '가치추구형 혁신대기업' 모델이 존재한다.

전략연구의 권위자 포터Michael Poter 교수는 기업이 공유가치를 만들어내는 방식, 그것이 비즈니스에 미치는 영향을 몇 단계로 나누어 설명한다. 우선 기업의 사회적 책임을 뜻하는 CSRCorporate Social Responsibility 단계다. 기업이 돈을 벌면서 사회에 좋은 일도 하는 것인데, 자선사업, 기금 출연 등으로 사회적 책임을 감당하는 단계다. 더 진전된 단계는 기업의 비즈니스 모델 자체에 사회적 가치를 녹여 그것을 중요한 성과지표로 관리하면서 기업이 성장하는 방식이다. 그래서 비즈니스를 하면 할수록 사회적 가치가 더 잘 구현되도록 하는 것, 그것이 공유가치의 실현이라는 것이다.

존경받는 기업이 지속적으로 성장한다

한때 직장인들 사이에 '호사분면'이라는 게 유행했었다. 직장 상사를 네 가지 유형으로 나눈 것인데, 일 잘하면서 친절하기까지 한 사람은 '호인', 배려도 잘하고 친절하지만 일은 못하는 사람은 '호구', 일은 잘하지만 배려심 없는 사람은 '호랭이', 일도 못하고 배려도 못하는 사람은 '호래자식'이라고 해서 많은 사람들의 공감을 얻었다. 그렇다면 기업도 마찬가지 유형으로 구분해볼 수 있지 않을까?

효율성은 떨어지지만 사회적 책임을 잘 지키는 기업은 호구 같은 기업일 테고, 성과가 좋아 부러움을 사지만 사회적 책임을 방기하는 기업은 얄미운 기업이다. 사회적 가치와 재무가치 둘 다 충족하지 못하면 멍청한 기업일 테고 말이다. 그런데 재무적으로 성과도 내면서 사회적 가치도 이루는 똑똑하고 존경받는 기업도 있지 않을까?

똑똑하고 존경받는 기업이란 기업 내부 효율성만 챙기는 것이 아니라 기업을 둘러싼 이해당사자들의 관심과 걱정을 배려하고 사회적 가치를 고려해서 경영하는 기업이다. 이와 같은 기업들의 성과를 오랜 시간 추적 조사해본 결과를 보면, 단기적으로는 다른 기업과 비슷해 보이지만 장기적으로는 훨씬 성장률이 높은 것으로 나타났다. 그래서 장기 성장 기업으로 가기 위해서라도 현재의 기업들은 사회적 가치를 내면화하지 않으면 안 된다.

사실상 기업의 중요한 돈줄이 펀드인데, 기업에 투자되는 펀드 중에는 점점 더 사회적 가치를 중요하게 생각하는 펀드들이 많아지는 추세다. 이것을 일컬어 사회책임투자라고 이야기한다. 유럽이나 호주 등의 국가에서는 절반 이상의 펀드가 다 사회적 가치를 중시하는 펀드다. 투자할 기업이 환경오염을 유발하는 기업인지, 인종차별 국가에 투자하는 기업인지 등을 조목조목 따져 투자하는 것인데, 캐나다나 미국도 상당 수준 이 추세를 따르고 있지만 아시아 국가들의 경우는 아직 본격화하지 않았다. 그러나 앞으로 한국에서도 사회책임투자의 비중이 급속히 늘어날 전망이다.

과거의 성공 모델에 집착하지 마라

그러면 이제 우리는 어떻게 살아야 하는가? 우선 과거 성공 모델에 집착하면 안 된다. 우리는 과거의 경험에 지나치게 익숙해져 새로운 변화를 맞이할 때도 늘 과거의 기억을 가지고 해석하려 드는데, 그것은 콜럼버스의 과오를 반복하는 일이다. 콜럼버스가 신대륙을 발견하고는 "나는 이곳에서 정말 아름다운 꾀꼬리 소리를 들었다"고 기록했다지만, 그곳은 그가 상상한 인도도 아니었고 그 새도 꾀꼬리가 아니었다. 다만 자신이 가지고 있던 구대륙의 지식과 정보를 가지고 그 장소와 새를 오인한 것이다.

다가올 미래는 완전히 새로운 것인데 과거에 익숙했던 경험으로 그것을 개념화하고 접근하려 한다면 매우 큰 어려움에 빠질 수 있다. 과거에는 대량생산 모델이 지배적이었고 정답 찾기를 통해 지식을 축적했으며 한번 배운 내용을 평생 활용하면 되었다. 그러나 다가올 미래의 성공 모델은 장인생산 모델에 더 가깝다. 정해진 대답보다는 문제를 새롭게 포착하고 창조적 해법을 찾는 일이 훨씬 중요해질 것이다.

다음 그림은 노동시장 연구자들이 설명하는 응용프로그램 인터페이스Application Programming Interface다. 이를 보면 4차 산업혁명기에 들어서면서 많은 일들이 인공지능에 의해 대

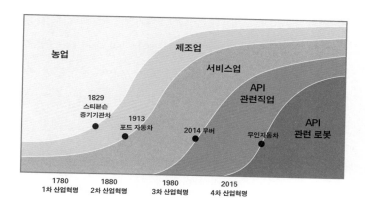

농업

제조업

서비스업

API
관련직업

API
관련 로봇

1829
스티븐슨
증기기관차

1913
포드 자동차

2014 우버

무인자동차

1780
1차 산업혁명

1880
2차 산업혁명

1980
3차 산업혁명

2015
4차 산업혁명

응용프로그램 인터페이스[50]

체된다는 것을 알 수 있다. 1차 산업혁명기에는 농업이 주된 산업이었고 약간의 제조업과 서비스업이 이를 보완했다면, 산업혁명 이후 점차 농업이 줄어들고 제조업과 서비스업이 늘어났다. 초연결시대에는 IT, AI, 네트워크가 중요해지면서 기존 일자리들은 빠르게 컴퓨터에 의해 대체되고 있다. 우선적으로는 알고리듬으로 프로그래밍할 수 있는 일자리부터 사라지고 있는데, 컴퓨터나 기계가 더 잘할 수 있는 영역에 사람을 고용할 이유가 없기 때문이다.

2017년 〈중앙일보〉가 "13년 뒤, AI는 직업별 핵심역량

을 얼마나 따라잡을까"라는 기사를 게재한 바 있는데, 인공
지능의 직업별 역량을 보면, 2030년이 되면 판사 및 변호사
의 업무 중 절반 정도를 AI가 대체하는 것으로 분석했다. 수
많은 판례들을 기억하고 유형화해서 형량을 정해주는 것을
판사보다 컴퓨터가 더 잘하게 되는 것이다. 보험설계사 또
한 상당수가 대체될 것이고 약사, 영양사, 의사 또한 마찬가
지다. 대학교수들도 점차 사라지게 된다.

사라지지 않으려면 AI로 대체하기 어려운 일을 해야만
한다. 나만 할 수 있는 것을 찾아 새로운 길을 열어야 한다.
개인이든 조직이든 변화하는 환경에서 살아남으려면 결국
블루오션을 찾아야 한다.

네트워크를 활용하라

초연결사회로 진입하면 개인이나 조직의 울타리를 넘어 외
부와 연결하는 것이 매우 중요해진다. 그리고 네트워킹이
곧 해법을 찾는 능력이 된다. 이를 쉽게 이해하기 위해 다음
두 모델을 비교해보자. 가운데의 점이 당신이고, 그와 연결
된 점은 당신이 아는 사람들이라 해보자.

만일 당신이 가까운 사람들과 친밀한 관계를 유지해서

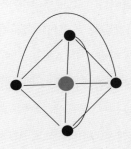

A형 네트워크: 파벌형

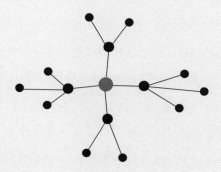

B형 네트워크: 기업가형

심지어는 자정이 넘더라도 전화해서 고민을 토로하면 조언을 얻을 수 있는 사람들과 연결되어 있다면, 당신은 A형 네트워크를 유지하는 사람이다. A형은 서로 상담해주고 친근하며 강한 소속감을 느끼게 해주는 끈끈한 네트워크다.

반면, 당신이 아는 사람들은 대체로 명함을 교환한 수준이고 서로 어디에서 무엇을 하고 있는지 아는 정도이며 당신을 통하지 않고는 이들이 서로를 알지 못하는 사람들이라면, 당신의 네트워크는 B형이다. 내가 아니면 서로 끊어질 사람들을 내가 연결해주고 있는 것이다. 선이 얇아 강한 관계가 아니다.

A형은 대개 농촌에서 노인들 간에 그리고 저소득층에서 많이 발견되며, B형은 개방적이고 도시적인 전문가형이자 기업가형 네트워크다. 당신이 없으면 분산되었을 사람들을 당신이 연결해줌으로써 막혀 있던 정보가 흘러가므로, 그 관계의 맥과 혈을 짚고 있는 당신은 네트워크를 통해 소통하고 남들이 아쉬워하는 것을 연결해서 채워줄 수 있다.

사실 따지고 보면 B형 네트워크를 잘 활용한 대표적 직업이 '마담뚜'다. 이제는 사라졌지만, 한 세기 전 전화번호부만 가지고 강남 졸부 집안의 과년한 딸과 시골출신 사법연수원의 전도유망하나 가난한 미래 법률가를 연결해줌으로써 상당한 수익을 올린 직업은 곧 네트워킹을 수익 모델화한 대표적인 사례다.

그런데 경험해보니 대학교수에게도 기업가형 네트워크가 점점 중요해지는 것을 느낀다. 젊은 시절에는 자신의 연구만 열심히 하면 되었다. 그러나 석박사 제자들이 많아지게 되니, 이들과 정부 출연 연구기관이나 기업 등을 연결해주는 일이 중요해졌고, 연구과제를 수행하는 기관과 젊은 연구자를 연결하는 일도 점차 중요해짐을 느낀다.

사실 조직 자체의 성격이 급격히 변화하고 있다. 과거 전통적 조직은 닫힌 시스템이어서 위계가 중요하고 통제, 계획, 집중적 의사결정, 측정가능한 성과 등이 중요했다. 하지만 앞으로 전개될 열린 시스템에서는 창발성, 참여를 촉진할 플랫폼, 집단지성, 사회적 영향력 등이 더 중요해질 것이다.

전통적 모델로 가장 성공한 기업이 삼성전자라면, 새로운 조직 모델로 성공한 대표적 사례가 '대륙의 실수'라 불린 중국의 샤오미[*]다. 샤오미는 거대한 생산기능과 기획기능을 내부화한 전통기업 모델과 달리 온라인 플랫폼을 기반으로 다양한 소비자의 요구와 하청기업의 공급 네트워크를 중

개하는 열린 시스템을 구축했다. 자체적 생산역량이나 기술 개발력 없이도 예쁜 디자인과 높은 가성비를 앞세운 샤오미의 박리다매 전략은 새로운 비즈니스 모델로 자리잡았다. 이처럼 조직 없는 거대한 조직화로 조직의 패러다임이 급변하고 있는 것이다.

세상을 바꾸고 변화를 즐겨라

새로운 시대는 변화를 즐기는 자의 것이다. 매일같이 변화하는 시대에 변화를 즐기지 못한다면 그것부터가 시대에 뒤떨어지는 일이 될 것이다. 변화의 중심에 서기 위해서는 평생직장의 개념을 버리고 자신만의 역량과 기술을 키워야 하며 각자의 고용가능성을 높여야 한다. 현재 비정규직 문제가 사회의 뜨거운 화두지만 다가올 미래의 변화 속도를 생각할 때 정규직화의 확대만으로 문제를 해결할 수 있을 것 같지는 않다. 오히려 수량적 유연성과 기능적 유연성을 극대화하되, 이 과정에서 생기는 마찰적 전환의 후유증이나 낙오자를 보호할 수 있는 확실한 안전망을 확대하는 일이 시급하다.

앞으로 점차 중요해지는 것은 기계화하기 어려운 능력,

즉 맥락을 파악하고 이해하는 소통능력이다. 우리는 이제 교과서가 없는 길, 아무도 가보지 않은 길을 가야 한다. 〈생활의 달인〉이라는 TV 프로그램에 등장하는 달인들은 모두 한 가지 기능을 오랜 시간 숙련해서 그 기량을 뽐낸다. 하지만 이제 그것이 자랑이 되는 시대는 지났다. 기계로도 할 수 있는 일이라면 그것을 사람이 이길 수는 없기 때문이다.

그렇다면 이제 우리에게 필요한 달인은 누구인가? 새로운 아이디어나 개념을 만드는 개념설계 능력과 그 개념을 실행하는 능력이 있는 인물, 즉 변화의 달인이다. 그리고 그에게는 무수한 실행과 그만큼의 실패가 허용돼야 한다. 반복되는 실패를 통해 암묵지의 형태로 보관되는 것들이 결과적으로는 문제해결 능력이 된다. 그 암묵지의 축적, 이게 선진국 기업들이 가지고 있는 역량이고 이제부터 우리가 갖춰가야 할 역량이다.

그리고 우리는 우리만의 지리적 장점을 극대화해야 한다. 우리나라는 인천공항에서 비행기로 두 시간 거리에 인구가 100만 명 이상 되는 도시를 41개나 가진 허브국가다. 전 세계에서도 이런 곳은 드물다. 우리 사회의 품격이 높아져서 외국 관광객들이 대한민국을 문화적으로나 인간적으로 매력적인 곳으로 느끼게 되면 이것은 우리에겐 더할 나위 없는 자산이 될 것이다.

어차피 우리는 이 좁은 한반도 영토에서만 살 수 없다. 5000만 인구 규모에 무역 의존도가 100퍼센트를 넘는 나라는 전 세계에서 한국이 유일하다. 우리나라의 성공은 애초에 국내만을 바라본 것이 아니었다. 경제 영토를 글로벌하게 확장했기 때문에 성장이 가능했던 것이다. 앞으로는 우리의 영역을 더 확장해야 한다. 지리적 조건에 보태 초연결사회에서 앞선 기술력은 네트워킹으로 살아갈 수 있는 최상의 조건을 부여하고 있다.

지금 정치집단이나 경제조직 모두 단기적 성과를 두고 경쟁하고 갈등할 것이 아니라 공동의 미래를 대비하는 일에 대승적으로 머리를 맞대야 한다. 넓은 경제영토를 배후지로 둔 매력적인 국가로 탈바꿈해 살맛 나는 곳, 머물고 싶은 곳, 창의적 예술을 맛보는 곳, 우수한 제품을 구할 수 있는 곳으로 한국을 바꿔나가는 꿈을 꿔야 한다.

Q 묻고

A 답하기

---

1. N포 세대들에게 해주고 싶은 말이 있다면?

헬조선과 진짜 지옥의 차이가 무엇일까? '죄지은 놈이 벌 받는 곳'이 진짜 지옥이란다. '흙수저 물고 태어난' 대한민국 젊은이들의 좌절과 억울함이 묻어나는 블랙 유머다.

미국의 투자은행 모건스탠리morgan stanley에 따르면 백만장자의 대부분이 벤처를 창업한 신흥부자인 미국이 '혁신형 경제' 국가라면, 한국 갑부의 84퍼센트는 선대 재산을 물려받았다. 그래서 한국은 '상속형 경제' 국가다.

사실 베이비붐 세대는 고졸 학력이 절반인 흙
수저였다. 그런데도 고도성장의 밀물효과를 맘
껏 누렸다. 그러나 풍요의 시대에 성장한 자식뻘
인 에코 세대는 대부분 대졸 학력임에도 일자리
없는 이들이 160만을 넘는다. 평균 A학점에 각종
스펙을 갖추고도 대기업 입사가 어렵고, 설사 입
사해도 평균 근속연수는 12년에 불과하다. 백 세
까지 살 젊은이들에게 더 이상 평생직장은 없다.
일자리도, 결혼도, 주택도, 출산과 육아도 포기하
는 이들이 부쩍 늘었다.

저출산-고령화로 새로운 사회적 위험은 늘었
는데, 그동안 방치해서 뒤틀린 기업, 교육, 노동,
복지제도 간 고삐를 죌 경장更張의 시도는 찾을 수
없다. 단기 땜질 위주 정부정책, 양당 독점에 안
주하는 정치권, 국가 미래구상은 누구의 안중에
도 없다. 그러나 미래 한국의 대주주인 젊은이들
이여, 매의 눈으로 멀리 보고 냉정히 대비하자.

첫째, 정치적 냉소를 벗어나 좌절과 분노를 강

력한 참여의 에너지로 전환하자. 청년층 70퍼센트는 지지정당 없는 무당파다. 하지만 냉소에 그친다면 미래는 없다. 부패한 보수와 수구적 진보가 독점한 정치판을 뒤엎고 경륜 있는 청렴 보수와 이상적인 유능 진보 간 경쟁의 판을 만들어낼 힘은 탈물질주의 가치와 이상주의로 충만한 그대들의 열정과 참여로부터 나올 수밖에 없다,

둘째, 순응과 체념보다 탈인습의 도전정신이 절실하다. 각자도생의 경쟁 논리를 벗어나 공감과 배려의 폭을 넓히자. 반칙에 무심하고 끼리끼리 문화에 익숙한 기성세대에게 옐로카드를 들이대는 당돌함이 아쉽다. 산업화 세대와 민주화 세대는 역사적으로 중요한 기여를 했지만, 해결 못한 많은 과제도 남겼다. 그 예가 바로 '품격 있는 사회'다. 투명성과 공정성의 제고 없이는 더 이상의 성장도, 몰려오는 사회적 위험에 대한 효과적대비도 어렵다. 개인 노력만으로 해결할 수 없는 과제들이 대부분이다. '함께 사는 능력'이 어느 때보다도 중요해졌다.

셋째, 과거의 성공 공식에 집착하지 말자. 취업이 잘된다는 전공을 찾아 줄 서는 시대는 갔다. 일사불란한 거대조직을 기반한 산업화 패러다임은 지고, '조직 없는 조직화'라는 네트워크형 혁신의 파도가 몰려오고 있다. 통제보다는 적응, 예측보다는 창발, 전문화보다는 다양화, 동원보다는 공감이 중요해졌다. 한국의 거대기업 삼성이 중국의 신생업체 샤오미의 개방형 전략에 쩔쩔매는 일이 벌어지고 있다. 10년 후 사라질 직업에 줄 서지 말라. '지식소비형' 학습을 통해 스펙을 쌓고 평생직장을 향한 대기열에 줄 서는 획일적인 경쟁 대신, 그대의 감각을 믿고 가슴 뛰는 일을 찾아 나서라. 스스로 문제를 제기하고 해답을 찾는 '지식생산형' 능동학습의 힘을 믿어라. 어디서 시작하느냐보다 어떻게 평생을 이어갈지를 고민하라. 이제 변화무쌍한 경력 개발이 훨씬 중요하다.

앞으로 다가올 미래, 그것은 과거 경험과 전혀 다를 것이다. 신학자 니부어Reinhold Niebuhr의 기도가 떠오른다. 한국의 젊은이들이 '바꿀 수 없는 것'은 받아들이는 평온함을 갖기를, 그러나 '바꿀 수 있는 것'은 과감히 바꾸는 용기를 발휘하기를, 아울러 '이 둘을 구별하는' 예리한 지혜를 갖기를 진심으로 기원한다.

2. 이상적인 사회, 좋은 사회란 무엇인가?

사회의 품격은 사회성이 얼마나 유연하고 긴장감 있게 발현되는가로 개념화하고 측정할 수 있다. 사회성은 구성원들 간의 관계가 보여주는 구성적 특징이다. 구성적 특징이란 개인의 특성으로 환원되지 않는 출현적 속성을 의미한다. 예를 들어 보자. 똑똑하고 뛰어난 능력을 갖춘 이들로 구성된 두 집단이 있다고 하자. 집단 A의 구성원들은 서로 불신해서 협력하지 않는다. 그래서 집단은 해체되고 갈등이 넘쳐난다. 반면 집단 B의 구성원들은 서로 신뢰하고 공통의 규칙에 따라 행동해 갈등을 미연에 방지한다. 비록 개인적 능력이

동일하다 해도 구성원 간 관계의 양상에 따라 해
체된 사회가 될 수도 있고, 신뢰로 뭉친 응집성과
통합성이 높은 사회가 될 수도 있다.

그래서 사회의 품격은 공동체와 개인 간 관계
에 의해 결정된다. 달리 말하면 이는 미시-거시
연계가 가져다주는 효과다. 개인은 다른 사람들
과 관계를 맺으며 공동체를 만든다. 공동체는 마
을, 조직, 국가 등 다양한 수준에서 형성된다. 그
런데 개인과 공동체 간 관계는 기본적으로 이중적
이다. 즉 공동체는 개인 간 관계로 구성된다는 점
에서 개인 속성의 결합체이지만, 동시에 역사적
으로 보면 개인은 공동체의 구성원으로 태어나서
성장하기에 공동체의 유전자가 각인되므로 그 영
향에서 벗어날 수 없다.

공동체는 개인의 활력과 자율을 침해해서는
안 되고, 개인의 창의성을 잘 살릴 수 있는 환경
을 제공해야 한다. 그렇다고 해서 개인의 창의성
과 자유가 절대화돼서도 안 되는데, 타인과의 공
존을 위해서 공동체적 질서를 깨는 극단적 개인

주의는 곤란하기 때문이다. 결국, 개인의 자유와 공동체 간에는 일방적인 압도보다는 상호 긴장의 길항관계 속에 역동적인 균형이 이루어지는 것이 바람직하다.

사회성을 구성하는 또 다른 축은 시스템과 생활세계 간의 관계다. 시스템이란 정해진 규칙에 따라 기계의 톱니바퀴처럼 맞물려 돌아가는 정부 행정, 시장제도, 위계적 기업조직 등을 의미한다. 모든 것이 규정대로 당위적으로 요구되고 예외 없이 집행되는 곳이다. 반면에 생활세계는 생활의 장이다. 서로의 감정을 소통하고, 불만을 이야기하며, 공감대의 확산을 통해 여론이 만들어지는 진원지다. 사람은 주어진 규칙대로만 살 수는 없다. 그래서 그 나름의 역동성을 갖춘 생활세계는 삶을 호흡하는 이들의 터전이다. 그런데 만약 시스템이 생활세계와 완전히 괴리되어 시민 생활을 과도하게 억압하고 간섭한다면, 삶은 소외되고 무력해진다.

하버마스는 과도하게 성장한 시스템이 생활세

계를 식민화하는 경향이 있다고 진단했다. 그래서 억압받는 생활세계에서 시민들의 불만은 저항을 낳고, 심하면 남미 일부 국가에서 보는 바와 같은 내전이 일어나기도 한다. 반면에 제도화되지 않은 생활세계는 무질서해질 수 있다. 그래서 좋은 사회는 시스템과 생활세계 간에 긴장감 있는 길항관계가 존재하는 곳이라고 할 수 있다.

어떻게 하면 안심하고, 포용하고, 신뢰하며, 활력 넘치는 '품격 있는 사회'를 만들 수 있을까? 이는 정의와 평등, 개인 자율성과 사회적 유대감 등 서로 길항관계에 있는 '사회적 가치'가 잘 구현되어야 가능한 일이다. 개인의 자유와 창의성이 넘치되, 각자도생하지 않고 서로 신뢰하며 잘 뭉치는 곳, 체제의 규율과 일관성이 뚜렷하되 생활세계를 질식시키지 않는 곳, 활력 있는 시민사회의 도전이 체제를 기득권에 안주하지 못하게 긴장시키는 곳이 품격 있는 사회다.

갈등이 없는 사회는 생동력이 없다

내게도 무엇을 할 것인지 방황하던 청소년기와 미래에 대해 꿈꾸던 청년기가 있었다. 본래 공대 지망생이었지만, 질풍노도의 시기를 지나며 철학을 꿈꾸게 되었다. 그러나 고등학생이 접한 니체나 키르케고르는 너무 난해했다. 그렇다고 주위에서 권하는 법대나 경상대는 눈에 들어오지 않았다. 대학입시 준비에 바빴어야 할 1979년 어느 가을날, 충남도청 앞 서점에서 '상상력'이란 신선한 단어에 끌려 책 한 권을 집어들었고, 그 책 제목에 들어 있는 '사회학적'이라는 수식어에 대한 궁금증이 나를 새로운 세계로 인도하는 계기가 됐다.

청년 시절 나를 긴장하게 만든 화두는 개인의 삶과 사회의 구조와 역사를 잇는 삼각형이었다. 지나고 보니, 우리 삶의 궤적이 서로 직조되어 만들어진 다발이 바로 한국의 현대사이고, 그 단면이 사회구조다. 워낙 빠른 변화를 경험하다 보니, 동시대를 사는 세대 간 경험의 차이는 켜켜이 쌓인 지층의 단면과도 같다. 성장이 가져온 불평등의 확대와 산업구조의 급속한 재편, 그리고 민주화 이후 몰아친 대형재난, 외환위기, 그리고 세월호 참사와 탄핵 등의 굴곡마다 이런 차이들은 사회적 갈등으로 표출되었다.

그러나 무균실 안에서 보호받는 생명은 생동력이 없듯이, 갈등 없는 사회는 이상적일 수 없다. 오히려 갈등의 소지에도 불구하고 이를 잘 관리하고 통합해내는 역량을 갖춘 사회가 훨씬 더 건강하다. 좋은 사회란 구조와 개인, 제도와 생활세계 간의 긴장과 역동적 균형을 통해 우리 삶을 더욱 풍요롭게 하는 사회다. 이런 품격 있는 사회, 그것이 우리가 지향하는 좋은 사회라는 점을 다시금 강조하고 싶다.

주석

1. 전상인, "앵그리시대의 사회갈등과 사회통합", 『철학과 현실』 76호, pp. 30~40, 2008.

2. Joseph Nye, *Soft Power: The Means To Success in World Politics*, Hachette UK, 2009.

3. 이하의 내용은 다음의 책 1장에서 자세히 다루었다. 조병희·이재열·구혜란·유명순·박상희·양준용, 『아픈 사회를 넘어: 사회적 웰빙의 가치와 실천의 통합적 모색』, 21세기북스, 2018.

4. Robert N. Bellah, Richard Madsen, William M. Sullivan, Ann Swidler, Steven M. Tipton, *Habits of the Heart: Individualism and Commitment in American Life*, Berkeley and Los Angeles, University of California Press, 1985.

5. 전우택·민성길, 『서울을 정신분석하다』, 청년의사, 2010.

6. Peter A. Hall and Michele Lamont, *Successful Societies: How Institutions and*

Culture Affect Health, Cambridge, UK and New York: Cambridge University Press, 2009.

7. Alexis de Tocqueville, *Democracy in America*, Cambridge: Sever and Francis, 1863.

8. 송호근, 『한국의 평등주의, 그 마음의 습관』, 삼성경제연구소, 2006.

9. 김홍중, 『마음의 사회학』, 문학동네, 2009.

10. 통계청, 『통계로 본 베이비붐 세대의 어제, 오늘, 그리고 내일』, 보도자료, 2010; 통계청, 『베이비부머 및 에코 세대의 인구 · 사회적 특성 분석』, 보도자료, 2012.

11. 통계청, 『통계로 본 베이비붐 세대의 어제, 오늘, 그리고 내일』, 보도자료, 2010.

12. 오종남, 『은퇴 후 30년을 준비하라: 행복지수를 높이는 노후 설계』, 삼성경제연구소, 2009.

13. 통계청, 『사회조사』, 각년도; 통계개발원, 『한국의 사회동향 2010』, 2010; 통계개발원, 『한국의 사회동향 2011』, 2010.

14. 김희삼, "비교성향의 명암과 시사점", 『KDI Focus』 44호, 2014.

15. Headey, B. W., Holmstrom, E., & Wearing, A. J., "Well-being and ill-being: Different dimensions?", *Social Indicators Research*, 14, 1984, pp. 115~139.

16. Cummins, R., "Subjective wellbeing, homeostatically protected mood and depression: A Synthesis", *Journal of Happiness Studies*, 11, 2010, pp.1~17.

17. Csikszentmihalyi, M., *Flow: The Classic work on how to achieve happiness*, London: Rider Books, 2002.

18. Antonovsky, Aaron, *Studying Health vs. Studying Disease, Lecture at the Congress for Clinical Psychology and Psychotherapy*, Berlin, 1990; *Health, Stress, and Coping*, Jossey-Bass Inc., 1979; *Unravelling the Mystery of Health: How People Manage Stress and Stay Well*, Jossey-Bass Publishers. 1987.

19. Keyes, Corey Lee M., "Social Well-Being", *Social Psychology Quarterly*, Vol. 61, No 2, 1998, pp.121~140.

20. Derek Bok, *The Politics of Happiness: What Government Can Learn from the New Research on Well-Being*, Princeton University Press, 2010.

21. 김유선, "연장근로시간 제한의 고용효과", 한국노동사회연구소, 2016.

22. 정주영, 『이 땅에 태어나서: 나의 살아온 이야기』, 솔, 1998.

23. 김홍중, "파우스트 콤플렉스: 아산 정주영을 통해 본 한국 자본주의의 마음", 『사회사상과 문화』 18권 2호, 2015.

24. 이재열, "한국적 경영-아산의 인격주의", 류석춘 외 공저 『아산, 그 새로운 울림: 미래를 위한 성찰 2. 살림과 일』, 푸른숲, 2015.

25. 이 모델은 최초에 이재열, "민주주의, 사회적 자본, 사회적 신뢰", 『계간사상』 1998년 여름호에 제시한 것이다.

26. Peter A. Hall and David Soskice, *Varieties of Capitalism: The Institutional Foundations of Comparative Advantage*, Oxford Universiy Press, 2001.

27. Duk-jin Chang, "Privately Owned Social Structures: Institutionalization-Network Contingency in the Korean Chaebol", PhD dissertation, University of Chicago, 1999.

28. 오갑환, "한국의 재벌 – 경제 엘리트의 사회적 배경, 계층적 상황과 그 영향력에 관한 사회학적 연구", 『서울대학교 논문집』 20, 1975, pp.207~232; 서재진, 『한국의 자본가 계급』, 나남, 1991.

29. Fred Hirsch, *Social Limits to Growth*, Harvard University Press, 1976.

30. Alain de Botton, *Status Anxiety*, Penguin Books, 2005.

31. 가와이 노리코, "한국의 대학진학률은 왜 계속 상승하는가?: 일본과의 사례 비교를 통해 본 한국의 교육열", 서울대학교 사회학과 박사학위논문, 2011.

32. 교육인적자원부, 문교육통계연보, 매년도판; 일본문부과학성, 학교교육기본 조사보고서 고등교육기관편, 매년도판으로부터 작성(가와이 노리코, 2011).

33. 이하의 내용에 대한 본격적 논의는 이재열, "중산층이 사라진 서민사회의 등장", 강원택·김병연·안상훈·이재열·최인철, 『당신은 중산층입니까』, 21세기북스, 2014를 참조.

34. 이재열, "사회적 자본과 시민의식: 서울시와 자치구의 정책 결정과 집행에 주는 함의", 『지역사회학』 5권 1호, 2003, pp.41~82.

35. 서울대학교 사회발전연구소 기획, 장덕진 외, 『세월호가 우리에게 묻다: 재난과 공공성의 사회학』, 한울아카데미, 2015.

36. Daron Acemoglu and James A. Robinson, *Why Nations Fail: The Origins of Power, Prosperity and Poverty*, Crown Business, 2012.

37. 임현진 외, 『한국사회의 위험과 안전』, 서울대학교출판부, 2003.

38. Argyris, Chris, "Single-Loop and Double-Loop Models in Resarch on Decision Making", *Administrative Science Quarterly*, Vol. 21, 1976.

39. Charles Perrow, *Normal Accidents: Living with High-Risk Technologies*, Princeton University, 1984.

40. 이재열·김동우, "이중적 위험사회형 재난의 구조: 대구 지하철 화재사고를 중심으로 한 비교사례연구", 『한국사회학』 38(3), pp.143~176, 2004.

41. 이재열·홍찬숙·이현정·강원택·박종희·신혜란, 『세월호가 묻고 사회과학이 답하다』, 오름, 2017.

42. Rasmussen, J., I. Svedung, *Proactive Risk Management in a Dynamic Society Swedish rescue service agency*, Karlstad, 2000.

43. 김광억·김병연·이재열·전재성·홍기현, 『한국기업과 사회의 경쟁력』, 서울대학교출판부, 2012.

44. Alice Amsden, *Asia's Next Giant: South Korea and Late Industrialization*, Oxford University Press, 1989.

45. 이재열 "사회의 질, 경쟁, 그리고 행복", 『아시아리뷰』 제4권 제2호, 2015.

46. 이재열 외, 『한국사회의 질: 이론에서 적용까지』, 한울아카데미, 2015.

47. 이재열, "한국사회의 질의 변화와 전망", 정운찬·조흥식 편, 『외환위기 10년, 한국사회 얼마나 달라졌나』, 서울대학교출판부, 2007.

48. 서울대학교 사회발전연구소, 2011.

49. 이하의 내용은 이재열, "시대적 전환과 사회적 가치", 박명규·이재열, 『사회적 가치와 사회혁신: 지속가능한 상생공동체를 위하여』, 한울아카데미, 2018을 참조.

50. www.slideshare.net/ChangkiPark2/4-060215

KI신서 8159

다시 태어난다면, 한국에서 살겠습니까

1판 1쇄 발행 2019년 5월 13일
1판 8쇄 발행 2024년 3월 26일

지은이 이재열
펴낸이 김영곤
펴낸곳 (주)북이십일 21세기북스

서가명강팀장 강지은 **서가명강팀** 박강민 서윤아
디자인 THIS-COVER
출판마케팅영업본부장 한충희
마케팅2팀 나은경 정유진 박보미 백다희 이민재
출판영업팀 최명열 김다운 김도연 권채영
제작팀 이영민 권경민

출판등록 2000년 5월 6일 제406-2003-061호
주소 (10881) 경기도 파주시 회동길 201 (문발동)
대표전화 031-955-2100 **팩스** 031-955-2151 **이메일** book21@book21.co.kr

(주)북이십일 경계를 허무는 콘텐츠 리더

21세기북스 채널에서 도서 정보와 다양한 영상자료, 이벤트를 만나세요!
페이스북 facebook.com/jiinpill21   포스트 post.naver.com/21c_editors
인스타그램 instagram.com/jiinpill21   홈페이지 www.book21.com
유튜브 youtube.com/book21pub
서울대 가지 않아도 들을 수 있는 명강의! 〈서가명강〉
유튜브, 네이버, 팟캐스트에서 '서가명강'을 검색해보세요!

ⓒ 이재열, 2019

ISBN 978-89-509-8116-7 04300
    978-89-509-7942-3 (세트)

책값은 뒤표지에 있습니다.
이 책 내용의 일부 또는 전부를 재사용하려면 반드시 (주)북이십일의 동의를 얻어야 합니다.
잘못 만들어진 책은 구입하신 서점에서 교환해드립니다.